高校体能训练理论与方法研究

李文意　汪冰洋　杨　蕊　著

文化发展出版社
Cultural Development Press
·北京·

图书在版编目（CIP）数据

高校体能训练理论与方法研究 / 李文意，汪冰洋，杨蕊著 . — 北京 ：文化发展出版社，2023.11
ISBN 978-7-5142-4170-9

Ⅰ . ①高… Ⅱ . ①李… ②汪… ③杨… Ⅲ . ①体能－身体训练－教学研究－高等学校 Ⅳ . ① G808.14

中国国家版本馆 CIP 数据核字 (2023) 第 223868 号

高校体能训练理论与方法研究

李文意　汪冰洋　杨　蕊　著

出 版 人：宋　娜
责任编辑：任秀颖　　　　责任校对：侯　娜
责任印制：邓辉明　　　　封面设计：守正文化
出版发行：文化发展出版社（北京市翠微路 2 号 邮编：100036）
网　　址：www.wenhuafazhan.com
经　　销：全国新华书店
印　　刷：天津和萱印刷有限公司

开　　本：710mm × 1000mm　1/16
字　　数：188 千字
印　　张：10.5
版　　次：2024 年 3 月第 1 版
印　　次：2024 年 3 月第 1 次印刷

定　　价：72.00 元
I S B N：978-7-5142-4170-9

◆ 如有印装质量问题，请电话联系：010-58484999

前　言

现阶段，高校体育教学主要包括传统的田径项目、各项球类运动以及健美操等，这些体育课程普遍存在体能训练占比较低的问题。良好的体能是大学生进行体育锻炼的基础，体能训练也是很多体育运动项目开展的基础，故体能水平的高低必将影响学生掌握体育技能的效果，并对体育教学的质量产生一定的影响。因此，新形势下，高校必须提高对大学生体能训练的重视程度，提高体能训练在体育教学活动中的比重，这样既可以丰富高校体育教学课程体系，又符合新课改背景下高校体育教学的实际要求。

体能训练作为高校新的体育训练项目，主要包括力量训练、速度训练、耐力训练等。只有具备了良好的体能，才能更好地参与体育锻炼，掌握体育技能。在高校开展体能训练的过程中，学生应根据个人的身体素质和自身潜力来进行体能训练，这样既有利于学生了解自己的真实运动水平，激发身体的潜在能力，又有助于学生调动参与体育课程的积极性，更快地掌握体育知识和技能。

本书第一章为高校体能训练概述，主要论述了体能与体能训练的概念、高校体能训练的原理、高校体能训练的分类与价值、高校体能训练的原则与要求。第二章主要对高校学生体能的发展进行介绍，并且从以下三个方面展开阐述，分别是影响高校学生体能发展的因素、高校学生体能发展的特点、高校学生体能发展的原则及要求。第三章主要对高校学生体能训练的科学基础进行介绍，并且从以下四个方面展开阐述，分别是高校学生体能训练的生理学基础、高校学生体能训练的心理学基础、高校学生体能训练的生物化学基础、高校学生体能训练的营养学基础。第四章主要对高校学生体能训练之力量训练进行介绍，并且从以下两个方面展开阐述，分别是高校学生力量训练概述、高校学生力量训练的方法。第五章主要对高校学生体能训练之速度训练进行介绍，并且从以下三个方面展开阐述，分别是高校学生速度训练概述、高校学生速度训练的理论、高校学生速度训练的方法。第六章主要对高校学生体能训练之耐力训练进行介绍，并且从以下四个方面展开阐述，分别是高校学生耐力训练概述，高校学生耐力训练的影响因素，高校学生耐力训练的原则、具体安排与方法，高校学生耐力训练的测量与评价。

在撰写本书的过程中，作者参考了大量的学术文献，得到了许多专家学者的帮助，在此表示感谢。本书内容系统全面，论述条理清晰、深入浅出，但由于作者水平有限，书中难免有疏漏之处，希望广大读者及时指正。

作者

2023 年 7 月

目　　录

第一章　高校体能训练概述

体能训练是高校学生提升身体素质最常用的手段，也是高校学生参与运动项目的基础。本章主要内容为体能与体能训练的概念、高校体能训练的原理、高校体能训练的分类与价值、高校体能训练的原则与要求。通过对体能训练进行基本的阐述，为高校体能训练提供一定的理论基础。

第一节　体能与体能训练的概念

一、体能的概念

“体能”一词最早出现在美国，自此，不同的国家和地区的学者从不同的角度对体能进行了不同的解读。英国人将体能用于表达身体对某事的适应能力，德国人将体能称为工作能力，法国人将体能称为身体适性，日本人将体能称为体力。除此之外，我国学者对体能的含义也持有多种不同的见解。

体能的概念在不同学者的认识上存在很大的差别，但归结起来，主要是以下三个方面的内容对体能概念的产生造成了影响。

一是体能与运动素质的关系。运动素质是影响人体器官变化的主要因素之一。人们认为体能是一种运动素质，而运动素质指的是人在运动过程中，人体的各个器官在中枢神经的支配下，为了满足肌肉活动的需求而进行协调性工作，从而表现出来的各种基本运动能力。

二是体能与适应能力的关系。适应能力也是影响人体器官变化的因素。例如，有些人第一次乘坐某种交通工具可能会出现眩晕恶心的情况，但是随着乘坐次数的增加，身体机能逐渐适应了这种环境，眩晕恶心的情况就会减轻。再如，人体所处的自然环境发生了变化，人们为了适应这个变化也要经过一段时间的训练和适应。适应能力就是适应社会环境或自然环境的能力，适应能力与运动素质都是体能的生理要素。

三是体能与心理因素的关系。心理因素也是影响人体器官变化的因素之一。如果我们把体能定义为大脑控制下的肌肉活动，就能看出心理因素在体能中的作用。因此，心理因素也是体能的一部分。

根据各国学者对体能概念的不同表达以及上述三种关系，本书将体能定义为：体能是人体各器官系统在大脑中枢神经的控制下，身体和心理表现出来的主动和被动的能力，不仅包括力量、速度、耐力、柔韧、灵敏和协调等各种运动能力，还包括人体对环境的适应能力以及克服自身心理障碍的能力。

二、体能训练的概念

体能训练是运动训练的重要组成部分，旨在发展人体体能，是使人的身体形态、生理机能和运动素质等发生适应性变化，进而提高人体适应运动需要的能力的训练。

根据体能在不同人群中的表现和作用，一般将体能分为健康体能和竞技体能两个层次。其中，健康体能指的是任何人都需要具备的人体各个器官系统的机能；竞技体能指的是人们参加竞技活动所需要的身体机能。可以说，健康体能是竞技体能的基础，只有拥有了健康体能，才能在此基础上通过训练获得进一步的竞技体能。

第二节　高校体能训练的原理

体能训练是在运动生理、运动生化等相关原理的指导下进行的提高人体各项技能的训练，因此，高校学生有必要了解体能训练的基本原理。体能训练的基本原理主要有四个，分别是训练适应原理、训练负荷原理、能量代谢原理和恢复过程原理。

一、训练适应原理

体能训练是为了提高人的运动能力才进行的，而人的运动能力会受到多方面因素的影响，具体如图 1–1 所示。

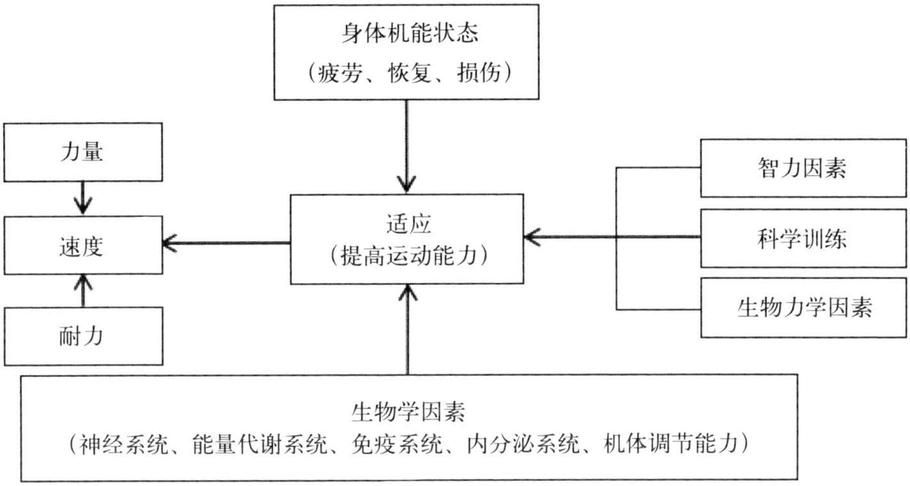

图 1–1　影响人体运动能力的因素

在影响人体运动能力的因素中，身体机能状态是最主要的因素，也是判断体能训练效果的重要依据。体能训练的主要任务是通过一定的训练刺激机体，从而不断提高机体的运动能力。在进行体能训练时，通过不断增加训练的负荷，可以打破机体原有的平衡，并使机体在新的负荷水平上产生新的适应与平衡，以此循环，从而提升机体的体能水平。这种方法符合超量负荷训练适应原理，该原理的生理学基础就是应激学说。

（一）应激学说

应激学说最早于 1936 年由生理学家汉斯·塞利（Hans Selye）提出，他将应激反应定义为机体在功能活动或损伤作用下引起的所有非特异性变化的总和。

创伤、出血、中毒、感染、缺氧、神经紧张等都会使机体产生应激反应，这些能够使机体产生应激反应的刺激都可以称为“应激源”。机体对应激源的反应有以下两种不同的表现：

第一，机体对所有的应激源都产生相同的、没有特异性的反应。

第二，机体对不同的应激源会产生不同的特异性反应，例如，细菌感染会引起人体的免疫细胞水平升高。

运动员在进行大负荷体能训练或者比赛时，身体不仅会出现脱水缺氧、神经紧张等不同的特异性反应，还会出现共同的、一致的非特异性应激反应。从这个角度来说，体能训练是导致运动员产生应激反应的重要因素，运动员通过体能训练引起身体发生变化、恢复和适应的过程与塞利应激学说的原理是一致的。依据应激学说的基本原理而制订的体能训练计划往往能够得到良好的训练效果，因此，应激学说的基本原理是运动训练的重要理论基础。

（二）适应

适应指的是人体对不同运动方式引起的化学特性所发生的适应性变化的现象。体能训练是一种特异的刺激，运动员如果长期进行专门系统的体能训练，能够使其机体的物质代谢、调节能力等发生一系列适应性改变。实际上，人们经过体能训练后运动水平得到提升就是适应能力提高的表现。具体如下所述：

第一，运动员进行体能训练，对不同的运动方式产生应激后，身体会发生相同的适应性变化，其运动能力发生适应性变化和提高的变化规律是“刺激—反应—适应—提高—再刺激—再反应”。

第二，运动员对不同的运动方式适应之后，其身体会发生不同的适应性变化。例如，力量训练可以增大运动员的骨骼肌体积、增加磷酸原的储备量；速度训练能提高运动员糖酵解系统酶的活性，能增加运动员的耐乳酸能力；耐力训练能够使运动员的最大摄氧量骨骼肌细胞线体数目和体积等有所增加。

（三）应激与适应过程

应激与适应的过程主要分为三个阶段，分别是动员阶段、适应阶段和衰竭阶段。

1. 动员阶段

人的身体对体能训练的应激发生最初反应的阶段就是动员阶段。在这个阶段，当人们进行超负荷的体能训练时，身体处于全面的动员状态，此时身体会出现以下变化：

①安静时的心率有所升高；

②肾上腺素、糖皮质激素等的分泌有所增加；

③体内物质能源的分解代谢加快；

④次日尿素氮和尿胆原含量有所升高；

⑤体内血红蛋白浓度有所下降。

这些变化说明在动员阶段人的身体不适应体能训练的负荷。

2. 适应阶段

人的身体对体能训练的应激表现出代偿性反应的阶段就是适应阶段。在适应阶段，人体会对体能训练的负荷产生适应。当产生适应后，身体会出现以下变化：

①安静时的心率有所下降；

②肾上腺素、糖皮质激素等的分泌恢复至原有水平；

③体内物质能源的合成代谢加快；

④次日尿素氮和尿胆原等含量回落至原有水平；

⑤体内血红蛋白浓度增加。

这些变化说明在适应阶段人的身体已经适应了体能训练的负荷，人的运动能力也有所提升。

3. 衰竭阶段

当人进行了负荷量过大的体能训练，或者人的身体机能保持在较低水平时，人体已经获得的适应产生衰竭甚至消失的阶段就是衰竭阶段。在衰竭阶段人体会出现以下变化：

①安静时的心率升高；

②过度分泌肾上腺素，皮质醇分泌持续增加；

③体内血红蛋白浓度较低；

④血液和尿液含量处于不正常的水平；

⑤容易发生运动性贫血。

这些变化说明人进行的体能训练负荷已经超过了人体能够承受的最大负荷。

体能训练的过程其实就是人的身体发生“应激—适应—再应激—再适应”的过程。因此，要善于利用训练适用原理，并掌握应激与适应过程各个阶段身体指标的变化规律，据此制订科学化的体能训练方案，这对提升高校学生的体能以及提高学生的运动能力具有重要作用。

二、训练负荷原理

（一）训练负荷的含义

人体在受到一定的外部刺激时，机体在心理方面和生理方面表现出来的反应就是训练负荷。

人参与任何身体活动都会引发机体在生理和心理等方面发生相应的变化，训练量、训练强度、训练密度、训练持续时间等因素都会影响训练的效果。鉴于此，在对高校学生进行体能训练时，一定要合理安排和调控训练负荷，以更好地实现体能训练想要达到的效果。

（二）训练负荷的影响因素

影响训练负荷的因素包括负荷量、负荷强度、负荷密度、负荷持续时间等。在对大学生进行体能训练时，要根据学生的具体运动能力和运动水平合理安排训练负荷。

1. 负荷量

负荷量指的是一次训练的总量，包括训练持续时间、重复次数、组数、距离或重量的总和。在对负荷量进行统计时，距离（耐力）用千米表示，训练的重量（力量）用千克表示，动作的次数用次表示。

2. 负荷强度

负荷强度就是训练的强度，是指在一定的时间完成单个动作的训练量或者人体表现出来的生理和心理的负荷反应量。

根据训练过程可以将负荷强度划分为三种，分别为平均强度、瞬时强度和最高强度。通常情况下，我们将负荷强度的有效范围称为“强度范围”，将训练适应的最小负荷强度称为“强度阈”。体能训练的强度必须超过“强度阈”才能引起机体在形态和机能上的适应性变化。因此，为了达到体能训练的目的，负荷强度必须达到一定的阈值水平。

评定负荷强度是否达到阈值水平的最好办法就是测定脉搏，运动后脉搏与负荷强度的关系如表 1–1 所示，运动后 5～10 分钟脉搏的恢复情况与负荷强度的关系如表 1–2 所示。

表 1–1　运动后脉搏与负荷强度的关系

负荷强度	运动后脉搏
高强度	180 次 / 分钟以上
中等强度	150 次 / 分钟左右
低强度	140 次 / 分钟以下

表 1–2　运动后 5～10 分钟脉搏的恢复情况与负荷强度的关系

负荷强度	脉搏的恢复情况
高强度	比运动前快 6～9 次 /10 秒

续表

负荷强度	脉搏的恢复情况
中等强度	比运动前快 2～5 次 /10 秒
低强度	恢复到运动前的脉搏水平

负荷量和负荷强度是相互依存、相互影响的关系。负荷量主要反映的是训练对人体刺激的数量，而负荷强度主要反映的是训练对人体刺激的深度。在安排体能训练的负荷时，一定要综合考虑负荷量和负荷强度。

3. 负荷密度

负荷密度就是训练的密度，指的是实际进行训练的时间占训练单位时间的百分比。其中，实际进行训练的时间＝每次训练持续时间 × 每组训练重复次数 × 训练组数。例如，每次训练持续 3 分钟，每组训练重复两次，一共练习 5 组，那么实际进行训练的时间就是 30 分钟。如果训练单位时间为 60 分钟，那么负荷密度就是 50%。在体能训练中，要合理安排负荷密度，就要做到合理安排训练重复的次数和组数。

4. 负荷持续时间

负荷持续时间指的是单个刺激发生作用的时间或者一次重复所花费的时间。与负荷强度一样，负荷持续时间也需要达到一个阈值才能达到想要的训练效果。如果负荷持续时间不能达到最小的阈值，那么机体是不会发生适应性变化的。

在安排体能训练时，要注意负荷持续时间和负荷强度是成反比的。也就是说，负荷强度较高时要缩短负荷持续的时间，负荷强度较低时要适当增加负荷持续的时间。

（三）训练负荷的调控

大学生进行体能训练就是为了有计划地使其运动能力得到全面提升，但运动能力的提升会受到多方面因素的影响。因此，在制订体能训练方案时，不仅要根据个体的运动水平合理地安排训练负荷，还要遵循超量恢复原理对训练的负荷不断进行调控，以更好地提升体能训练的效果。

1. 调控负荷量和负荷强度

任何一种生物系统都是处在一种动态平衡的状态中的，处于动态平衡状态中的生物系统，其能量的消耗和摄入也一定是相对平衡的。而体能训练就是要打破这种平衡并使机体产生适应后再打破新建立起来的平衡，如此循环往复，达到提升运动能力的目的。

在对大学生进行体能训练的时候，他们能够承受的和应该承受的负荷量和负荷强度受到其自身运动水平与能力的影响，因此要根据学生的具体情况进行合理的安排。通常情况下，负荷量和负荷强度的组合变化主要有四种形式。

①一升一降。提升负荷量、降低负荷强度，或者降低负荷量、提升负荷强度，总体上使体能训练保持中等负荷。

②一升（降）一稳定。提升负荷量，稳定负荷强度，总体上使体能训练保持中大负荷；降低负荷量，稳定负荷强度，总体上使体能训练保持中小负荷。

③同升同降。当进行大负荷体能训练时，通常采用同时提升负荷量和负荷强度的组合方式，但需要注意的是，如果负荷量和负荷强度同时提升，那么训练负荷总体上会成倍增长；当进行小负荷体能训练时，则采用同时降低负荷量和负荷强度的组合方式。

④负荷量和负荷强度相对稳定。在整个训练周期内，始终保持负荷量和负荷强度稳定不变，使体能训练总体上保持中等负荷。

在一个完整的体能训练年度周期内，体能训练也应该根据训练时期的不同进行适当的调控。在体能训练初期，要以提升负荷量为主，对负荷强度进行控制；在体能训练后期，训练者的运动能力有了一定的提升，这时要适当地提升负荷强度而对负荷量加以控制。

大量的训练实践表明，在进行体能训练时，负荷量和负荷强度不能同时达到最大程度，这样很容易造成过度训练，进而使训练者的身体机能失去平衡，不仅不能达到体能训练的目的，还会使训练的水平有所降低，严重的还会造成训练者发生运动损伤。

2. 训练负荷节奏的安排形式

负荷量、负荷强度、负荷密度、负荷持续时间等之间的组合方式不同，都会在一定程度上影响体能训练的效果。在实际训练中，对总体运动负荷水平的把握不是一件困难的事情，但是对总体的负荷量和负荷强度进行最佳组合不是一件容易的事情。训练负荷节奏的安排形式一般有以下五种类型。

（1）斜线渐进形

斜线渐进形训练负荷节奏形式通常在体能训练的准备期使用。在这一时期，负荷量的安排要呈斜线上升的趋势，但是也要注意控制上升斜率，斜率不能太大。

（2）直线稳定形

直线稳定形训练负荷节奏形式主要是保持训练负荷量的相对稳定，通过调整负荷强度使整体的训练负荷得到调整。

（3）波浪形

波浪形训练负荷节奏形式在体能训练的任何阶段都能够使用。负荷量呈现逐渐上升或逐渐下降的趋势，总体负荷量的变化比较缓和，机体也容易产生适应性变化。

（4）阶梯形

阶梯形训练负荷节奏形式通常用在比赛前期和体能训练的准备期的第二阶段。负荷量呈现平台式上升和保持趋势，没有明显的下降。

（5）跳跃形

跳跃形训练负荷节奏形式是一种高强度负荷的体能训练形式，通常用在体能训练的准备期的第二阶段。一般分为以下五个步骤来实施训练。

第一步：训练负荷由 60% 提升到 90%，通过急剧增加负荷打破机体原有训练适应的动态平衡。

第二步：训练负荷由 90% 下降到 60%，通过急剧减少负荷使机体迅速得到恢复。

第三步：逐步增加训练负荷至 80%，使机体再次接受逐步提高的负荷刺激。

第四步：保持 80% 的训练负荷，使机体对这一负荷水平产生适应性变化。

第五步：再次急剧增加训练负荷至 90% 以上，使机体承受负荷的能力达到一个新的水平。

三、能量代谢原理

人体的物质代谢和能量代谢是人体体能的核心因素，其能力决定着机体的机能水平和运动能力。人体在运动时，有一个完整的供能体系，该体系由有氧代谢系统和无氧代谢系统共同构成，其中有氧代谢系统指的就是有氧氧化系统，无氧代谢系统包括磷酸原系统和糖酵解系统。

在进行体能训练之前，一定要先明确训练的内容属于哪种运动方式，这种运动方式的代谢基础是什么，然后再有针对性地发展对应的代谢系统的能力，从而提升运动能力。下面，我们将对人体代谢的系统进行分析，以期为运动训练提供能量代谢理论基础。

（一）有氧代谢系统

机体在供氧充足的情况下，脂肪、蛋白质和糖会在细胞内分解成二氧化碳、水、尿素等，在这个过程中会伴有能量的释放，这就是有氧代谢的过程，也是有氧氧化系统供能的过程。

脂肪、蛋白质和糖通过有氧代谢可以释放大量的能量并合成腺苷三磷酸（ATP），ATP 是一种高能化合物，能够为人体的肌肉运动提供能量。

1. 脂肪的有氧代谢

脂肪是有氧代谢的主要燃料之一，而脂肪作为燃料参与代谢为人体提供能量只能通过有氧代谢系统进行。在氧气供应充足的情况下，脂肪可以氧化分解为二氧化碳和水并释放能量，这个过程就是脂肪的有氧代谢。

人体内的脂肪大多数都存在于皮下结缔组织、内脏器官周围、肠系膜等处，脂肪有保护人体器官、保持人体体温的作用。脂肪被分为真脂和类脂两类：真脂指的是甘油酯，是由甘油和脂肪酸细胞构成的，作用是给人体提供热能和必要的不饱和脂肪酸；类脂是组成组织和细胞的主要成分，是人体所需的特殊营养成分，能够提升人体的抗缺氧能力。

大量的训练实践已经证明，要想脂肪参与有氧代谢，必须经过长时间的运动。并且，随着运动时间的逐渐增长，脂肪提供能量的比例也会不断上升。因此，坚持长期长时间的有氧运动，一方面可以提高人体利用脂肪提供能量的能力，另一方面能消耗人体脂肪、减少体脂积累，从而起到塑身塑形的效果。

2. 糖的有氧代谢

糖也是有氧代谢的主要燃料之一，在供氧充足的情况下，肌糖原和葡萄糖能够被彻底氧化分解为水和二氧化碳并释放大量的能量，这个过程就是糖的有氧代谢。

糖是组成人体组织细胞的重要成分，人体的主要能量来源也是糖。通常情况下，人日常食物中的糖提供了人体所需能量的 70% 以上，而且在有氧代谢系统中，糖氧化所需的氧气是少于脂肪和蛋白质的。因此，糖是人体所需能量的首选物质，也是人体最经济的物质能量。

人体中的肌糖原储备是最多的，为 350～400 克，因此，在运动训练中首先会动员肌糖原参与有氧代谢。随着运动时间的逐渐增长，肌糖原被消耗殆尽且血糖有所下降时，肝糖原才会被分解进入血液参与有氧代谢。

3. 蛋白质的有氧代谢

蛋白质参与有氧代谢提供能量并不是人体能量的主要来源。在长时间、高强度的运动训练中，人体内的蛋白质和氨基酸会参与供能，但是提供的能量是极少的，在供糖不足或者糖已被大量消耗之后，蛋白质的供能也只占到了总供能的15%～18%。正常情况下，如果人进行了1小时的有氧跑步，那么蛋白质供能只占总供能量的4%。

无论人在安静的状态下还是在运动的状态下，蛋白质供能都不是人体的主要能量来源，蛋白质分解和代谢其实只是维持生命活动的基础。

（二）无氧代谢系统

顾名思义，无氧代谢系统就是不需要氧的代谢功能系统，包括磷酸原系统和糖酵解系统。

1. 磷酸原系统（ATP—CP 系统）

人体肌肉细胞内的ATP和磷酸肌酸（CP）都属于高能磷酸化合物，两者能够分解释放能量并能再合成能量。因此由这两种磷酸原构成的供能系统就是磷酸原系统，也称为ATP—CP系统。

磷酸原系统供能有以下特点：

①供能绝对值不大，持续时间很短，仅仅8秒；

②供能不需要氧，也不会产生乳酸；

③供能速度快，能量输出功率也最高，ATP是细胞唯一可以直接利用的能源。

综上所述，所有时间短、功率高的运动，如短跑、举重等，其能量的主要来源都是磷酸原系统。磷酸原在肌肉细胞内的储量少，一般在运动的开始阶段就会被最早、最快地利用掉。在运动的加速和冲刺阶段，磷酸原系统也在供能方面发挥重要作用。

2. 糖酵解系统（乳酸能系统）

当人体的运动时间持续到10秒以上且运动的强度比较大时，磷酸原系统的供能已经无法满足机体对能量的需求。此时，运动中合成ATP提供能量的任务就交给了糖酵解系统。

在没有供氧的情况下，肌糖原和葡萄糖会进行无氧分解，生成乳酸并释放能量合成 ATP 为运动提供能量，这一过程就是糖酵解系统。由于糖酵解系统的产物除了 ATP 之外还包含乳酸，因此它也被称为“乳酸能系统”。

在高强度运动中，当运动持续 30 秒左右时，糖酵解系统的供能能够达到最大的速率并能够维持 1～2 分钟，之后供能速率便会下降。糖酵解系统供能虽然不需要氧，但会产生乳酸，如果体内的乳酸过多就会使人体感到疲劳。虽然如此，糖酵解系统在人体运动过程中的能量供应作用还是具有十分重要的意义的，在供氧不足的情况下，糖酵解系统仍然能够快速供能以满足机体的需要。

人们在参与运动时，为人体提供能量的供能系统一般是以一个供能系统为主，以其他两个供能系统为辅，但是也存在三个供能系统同时作用为人体运动提供能量的情况。人们参与的运动不同，主要运用的供能系统也是不同的，这主要是根据运动的需氧量与摄氧量的关系决定的：当人体的摄氧量能够满足需氧量时主要由有氧代谢系统提供能量；当人体的摄氧量无法满足需氧量时，能量不足的部分需要无氧代谢系统进行补充。运动的强度与需氧量是成正比的，强度越大，需氧量也就越大。因此，强度越大，无氧代谢系统参与供能的比例也就越大。

了解供能系统的特征及不同运动项目的代谢类型，对体能训练来说是非常重要的，一方面有利于我们掌握训练时的主要供能系统，另一方面能够帮助我们明确发展运动能力所需要努力的方向。供能系统的特征如表 1–3 所示。

表 1–3　供能系统的特征

功能系统	底物	可合成 ATP 量（毫摩尔／千克）	可供运动时间
磷酸原系统	ATP、CP	100	6～8 秒
糖酵解系统	肌糖原	250	2～3 分钟
有氧代谢系统	肌糖原	1 3000	＞ 3～5 分钟
	脂肪	不受限制	1～2 小时

如图 1–2 所示，短跑、跳远等训练项目的能量供应主要是由磷酸原系统供应的，糖酵解系统作为辅助参与供能。因此，要想提高短跑、跳远等能力，必须进行有针对性的训练以提高磷酸原系统和糖酵解系统的供能能力。而长跑、马拉松等运动项目的能量来源主要是有氧代谢系统，长跑进行到冲刺阶段时无氧代谢系统也会发挥重要的作用，这就需要有氧代谢系统和无氧代谢系统混合供能。

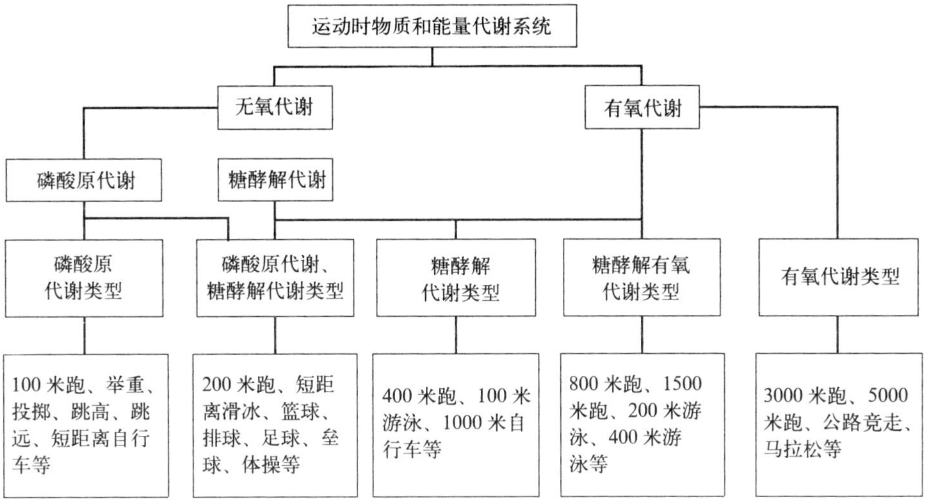

图 1-2　常见运动项目的代谢类型

四、恢复过程原理

（一）恢复过程的一般规律

人们在参与了体能训练之后，其生理功能和能源物质会逐渐恢复到参与训练之前的状态或水平，这期间发生的功能变化的过程就是恢复过程。人体在经历了负荷量比较大的训练之后，有些情况能够使机体的运动能力下降，有些情况能够使机体的运动能力提高，这两种不同的情况与人体的恢复程度是息息相关的。

没有疲劳的训练是无效的训练，而疲劳不能恢复的训练是危险的训练。不是所有产生了疲劳的训练都能提升人的运动能力。因此，在进行体能训练时，正确认识疲劳并实施正确的措施帮助消除疲劳是十分重要的。人在进行运动的过程中，机体的消耗和恢复一般分为三个阶段。

第一阶段：人体在运动时，能源物质的消耗是主要的，虽然这期间恢复过程也在同时进行，但总体上消耗大于恢复，具体表现为体内能源物质逐渐减少，各器官系统的功能逐渐下降。

第二阶段：人体停止运动后，消耗大幅减少，恢复过程在这一阶段较占优势，表现为体内的能源物质和各器官系统的功能逐步恢复到运动前的水平。

第三阶段：人体在运动一段时间之后，运动中消耗的能源物质不仅恢复到运动前的水平，甚至还超过了运动前的水平，这就是超量恢复。保持了一段时间之后又恢复到了运动前的水平，此时训练负荷后的恢复过程就全部完成了。

超量恢复是客观存在的，超量恢复的程度和时间取决于机体在运动训练中的消耗程度。在一定的训练负荷范围内，能源物质消耗得越多，恢复的过程也就越长，超量恢复的效果也就越明显。因此，在具体的训练实践中一定要把握好训练和休息的时机，从而获得最佳的训练效果。大量的实践也已经证明，当运动员在超量恢复阶段去参加训练或者比赛，训练效果会更好，比赛也会获得更加优异的成绩。

（二）机体能源的恢复

1. 磷酸原的恢复

磷酸原的恢复速度很快，人在进行剧烈运动之后的 2～3 分钟所消耗的磷酸原就可以被完全恢复。因此，在体能训练过程中要适当地安排间歇，这样有利于磷酸原的快速恢复，磷酸原再合成能够有效防止或缓解由于体内乳酸堆积而产生的疲劳。

在磷酸原的恢复过程中，在肌肉中储备 ATP 和 CP 需要一定的能量，所需的能量一般由有氧代谢系统提供。有氧代谢系统通过分解糖和脂肪释放能量合成 ATP，所合成的 ATP 一部分直接储存在肌肉细胞中，另一部分用于合成 CP，最后以 CP 的形式储存在肌肉细胞中。

2. 肌糖原的恢复

有氧代谢系统和糖酵解系统的供能物质是肌糖原。运动后肌糖原的恢复受到多方面的影响，其中最主要的就是膳食、运动强度和运动的持续时间。肌糖原的恢复主要依靠膳食的补充。

肌糖原恢复的速度取决于运动中肌糖原的消耗量。有研究证明，在运动员进行了大负荷训练后，如连续 3 天进行长跑训练后，机体内的肌糖原就会被消耗殆尽。在恢复期间，如果连续吃 5 天高脂和蛋白质的食物，对于恢复肌糖原是没有效果的；如果吃高糖膳食，那么肌糖原在 2 天内就可得到恢复，并且前 10 个小时肌糖原恢复的速度是最快的。在进行了时间较短而强度较大的间歇训练之后，无论食用高糖膳食还是普通膳食，1 天之内肌糖原就可以完全恢复，并且前 5 个小时恢复的速度是最快的。

需要注意的是，在运动训练中，如果训练的时间太长，会导致人体消耗过多的肌糖原，有可能会导致人体出现低血糖的症状。

3. 氧合肌红蛋白的恢复

肌红蛋白与氧结合被称为氧合肌红蛋白，肌红蛋白存在于肌纤维中。正常情况下，每千克肌肉中的肌红蛋白大约可以结合 11 毫升的氧。肌红蛋白可以迅速与氧进行结合和分离，而这个过程并不需要能量的供应。因此在运动后的几秒钟内，氧合肌红蛋白就可以完全恢复。

第三节　高校体能训练的分类与价值

一、高校体能训练的分类

在实际的训练过程中，体能训练一般分为两种：一种是一般体能训练，另一种是专项体能训练。

（一）一般体能训练

一般体能训练是为了提高人体各器官系统的机能水平，全面提高人的运动素质，改善人的身体形态的训练。一般体能训练能够使人掌握非专项的运动技术、技能和相关的知识，从而为人进行专项体能训练打下良好的基础。

（二）专项体能训练

专项体能训练指的是针对某一项专门的体能进行的训练。进行专项体能训练能够使高校大学生的某一专项素质得到提高，能够最大限度地发展与专项成绩有关的运动，能够促进大学生掌握专项技术和战术并能在运动比赛中有效运用，从而取得良好的运动成绩。

（三）一般体能训练与专项体能训练的关系

1. 一般体能训练与专项体能训练的联系

一般体能训练与专项体能训练之间的联系主要表现在以下三个方面。第一，一般体能训练与专项体能训练的总目标是一致的，两者互相作用、互相影响、密不可分。

第二，进行专项体能训练的基础是做好一般体能训练，一般体能训练能为专项体能训练的进行创造良好的条件。

第三，专项体能训练能使专项体能水平有所提升，专项体能水平的提升能够带动一般体能水平的提升，以适应专项体能水平提升后对身体机能的更高要求。

2. 一般体能训练与专项体能训练的区别

虽然一般体能训练与专项体能训练之间有着密切的关系，但是两者之间也是有着很明显的区别的。两者的区别主要体现在训练的目的、内容和作用方面，见表 1–4。

表 1–4　一般体能训练与专项体能训练的区别

区别	一般体能训练	专项体能训练
目的不同	提高身体各器官系统的机能水平；全面提高运动素质；改善身体形态；掌握非专项运动技能；为提高运动技术水平创造条件	提高与专项运动有关的器官系统的机能水平；最大限度地提高专项运动素质；塑造专项运动所需的体型；精确掌握与专项运动有关的技能；促进专项运动成绩和水平的提高
内容不同	进行对运动素质、生理机能有益的身体练习，如球类、体操等	紧密结合专项运动进行专门的身体练习
作用不同	为专项运动素质和专项运动成绩的提高打下良好的基础	直接提高专项运动素质、促使运动员创造优秀的专项运动成绩

二、高校体能训练的价值

高校学生进行体能训练的价值表现在以下五个方面。

（一）有利于促进人的身体健康

众所周知，进行体育锻炼能够增强人的体质，增进人体健康，如肥胖者在经历了长期的体育锻炼后能够减脂塑形，慢性病患者经过合理的体育锻炼能够延缓病情，等等。因此，如果进行系统的体能训练，更能有效地提高人体各器官系统的机能水平，尤其是能够提高心血管系统、呼吸系统等的机能水平。除此之外，体能训练还能够增强人的肌肉力量，改善人体中枢神经系统的机能。同时，体能训练还有助于促进人体的新陈代谢，提高人体适应外界环境的能力和抵抗疾病的能力。综上所述，体能训练有利于促进人的身体健康。

（二）有利于提高运动训练能力

体能训练的过程实际上就是协调机体各器官系统的功能，使机体具备从事专项竞技运动能力的过程。高校大学生无论参与任何一项体育运动，都离不开体能作为运动保障，而且体育运动对大学生体能的要求会随着运动难度的增加而提高。根据技能迁移的原理，人体在掌握了一定的运动技能之后再学习其他特定的运动技能的话，其能力就会有所增强。而体能训练就是通过具体的身体动作进行训练的，大学生在学习和掌握了这些身体动作之后，对其专项运动能力的提升和发展是十分有益的。例如，大学生经常参加篮球、足球等运动项目，这些运动具有对抗激烈性、强度高等特点，其对大学生的专项运动素质和体能都有很高的要求，虽然各专项运动的战术训练也包含身体训练的内容，但是难以达到专项训练对大学生体能的要求。因此，对大学生进行专门的体能训练，有利于提升大学生的体能及身体适应的能力，从而能够满足大学生进行专项训练的体能需要。

（三）有利于提高运动素质

当前，体育事业在世界范围内的发展十分迅速，体育事业在世界上的影响力不断提升，各国运动员都在为取得优异成绩、为在世界体坛上留下姓名而刻苦训练、努力拼搏着。体能训练能够充分发挥机体的潜能，通过专门的、系统的体能训练，能促使运动员在比赛中取得优异的成绩，能够最大限度地提高运动员的各项运动素质，如力量、速度、柔韧、灵敏、耐力等，这是运动员取得优异成绩的重要保障。从这个层面来讲，体能训练对人的运动素质的提高起着十分重要的作用。

（四）有利于提高心理素质

体能训练是一个比较艰苦的训练过程，因此，高校大学生在进行体能训练的过程中，其吃苦耐劳、坚韧不拔的心理素质也会得到相应的提高。竞技运动的对抗激烈性和高强度性对大学生的心理素质有较高的要求，而大学生的生理因素和身体素质会在一定程度上制约和影响心理因素。大学生经过体能训练可以提高自身的身体素质，使自己保持精力旺盛、体力充沛，同时还可以增强自身的抗疲劳能力，使大学生在进行训练和比赛的过程中充满自信，从而提升训练的效果和比赛的成绩。反之，如果大学生体能不佳，在训练和比赛的过程中就会感到力不从心或者总是为体能问题而担忧。这会使其丧失自信，从而影响训练的效果和比赛的成绩。从这个层面来讲，体能训练有利于提高心理素质。

（五）有利于人体适应高强度的比赛训练

现代竞技运动的竞争是十分激烈的，运动员要想在重要的比赛中取得优异的成绩，就必须通过大负荷的运动训练来发掘自身的体能潜力。只有这样，才能保证运动员在竞技比赛中娴熟地运用自身的竞技战术。体育运动训练经过不断发展，到今天已经进入了科学训练的阶段，这个阶段的体能训练具有强度高、密度高、速度快、运动量大等特点，这些都要求运动员拥有强健的身体和良好的身体机能。如果没有良好的体能作为基础，运动员是很难适应这种高强度的比赛训练的。

第四节　高校体能训练的原则与要求

一、高校体能训练的原则

（一）自觉积极性原则

自觉积极性原则，是指在运动训练过程中要教育学生深刻认识训练的目的，刻苦地、创造性地进行训练，努力完成训练任务。

自觉积极性原则强调了在运动训练过程中教练员要把教育学生深刻认识训练的目的放在重要的位置；强调了学生的刻苦训练不是被迫的，而是在对训练目的有明确认识基础上的自觉行动；强调了训练不但要刻苦，而且要独立思考，有创造性，如此才能顺利地完成训练的各种任务。

1. 理论依据

在运动训练中提出自觉积极性原则，是根据“运动训练过程基本上是个人的训练过程”和“在运动训练中有机体要不断加大运动负荷，直至承担最大运动负荷”这两个特点，以及“外因是变化的条件，内因是变化的根据，外因通过内因而起作用”的唯物辩证法而提出来的。在整个过程中，要想调动学生的积极主动性，创造性地执行训练计划，尽快地适应不断加大的运动负荷，达到训练的要求，必须先调动其自觉性。自觉是积极的前提条件，有了自觉性才有积极的能动性。也就是说，在教练员指导的这个外因条件下，通过学生自觉积极地进行训练这个内因，才能保质保量地完成各项训练任务。任何一个有成就的学生无不具有自觉性和创造性。

2. 基本要求

在运动训练过程中，教练员贯彻自觉积极性原则体现在很多方面，最主要的要求如下。

（1）形成正确认识，具有自觉态度

通过启发教育和采取各种有效措施，逐步让学生形成对训练的目的和任务的正确认识，具有针对训练的自觉态度。学生参加运动训练，有各种不同的目的，从心理学的角度来说，就是有各种不同的动机。最常见的就是从个人的兴趣和爱好出发参加训练。由于学生对训练的目的和任务认识不足，没有稳定的、长期为之奋斗的正确目标，一旦在训练中遇到困难，这种暂时的自觉积极性就会逐步消失。所以，教练员在训练中要明确训练目的和任务，把学生参加训练的各种动机引导到正确的轨道上来，使之成为内心的自觉要求。

（2）了解任务及其意义和作用

根据学生的具体情况，使他们了解需要完成的具体任务对达到长远目标的意义和所起的作用。对于表现优秀的学生，教练员应与他们一起确定训练目标和任务（包括长期的和近期的），使之明确达到这个目标和完成这个任务，需要多长时间，花费多大努力，以树立坚定的信念，激发自觉积极性。

（3）目标一定要切合实际

在训练过程中，目标定得过难或过易，都会在一定程度上影响学生的自觉积极性。学生一旦达标和完成教练员制定的各方面要求，教练员就应立即提出新的目标和要求，使之不断努力，从而始终保持训练的积极性。

（4）培养对训练的兴趣

培养学生对训练的兴趣，是激发学生自觉积极地、持续地参加运动训练的一个重要因素。

要引起学生对训练的兴趣，在很大程度上取决于教练员对训练课的内容、方法的选择是否有吸引力。如果长年累月是单调枯燥的老一套，则难以调动学生的自觉积极性。所以，教练员应该采取各种有效措施变换训练的方式，多多借鉴其他项目的训练来调动学生的训练兴趣，这样才能保证训练的正常进行。

（5）了解成果，并自我评价

教练员应使学生了解训练成果，并使学生养成进行自我分析和评价的习惯。

训练的成绩是教练员和学生共同取得的，只有当学生充分了解自己的训练成果时，才能进一步调动自觉积极性。通过定期或不定期的成绩考核，要使学生看到他们经过艰苦训练所取得的成绩，增强信心，从而激励他们不断奋进。即使成绩不理想，也应从中总结经验，找出差距，加以克服。

当学生养成对训练的成果和存在的问题进行自我分析和评价的习惯后，就能主动地、创造性地训练，独立思考，独立解决训练中存在的问题。教练员可有意让学生个人、小组进行口头分析总结、书面总结或专题小结；也可在训练课中要求学生对具体的练习进行分析，提出问题，找出原因及其克服的方法；还可以对训练中某一方面的问题、某一练习的技术或战术进行集体讨论，出主意、想办法，以提高分析和评价练习的能力。

总之，自觉积极性原则，关键是教练员在训练过程中要发挥主导作用，有计划地制定目标，并逐步与学生的独立创造才能结合起来，使他们的自觉程度日益提高。在教练员发挥主导作用的同时，应注意发挥学生的主体作用，因为学生的训练是由教练员与学生双方共同确定的，所以在运动训练过程中一定要相互尊重、相互信任，以达到运动成绩的不断提高。

（二）直观性原则

运动训练过程中的直观性原则，是指运用各种手段，通过学生的各种感觉器官（视觉器官、听觉器官、前庭分析器、肌肉感受器等），使学生建立对练习的表象，从而获得感性认识，帮助学生树立正确的思维，掌握运动技术和战术。在这里“直观”这个词已大大超过了它的字面含义——“看”或者“观察”的意思了，它有更为广泛的含义。它要求通过各种感觉器官参与活动，也就是说综合地运用各种感觉器官，建立对练习的表象。这些感觉的具体形象越丰富，就越能较快地掌握和提高运动技术和战术，发挥各个运动器官的作用。

贯彻直观性原则是使学生获得知识、掌握练习必不可少的感性认识阶段，这在训练中尤为重要。在这个前提下，学生才能逐步建立对练习的清晰概念。直观性原则的直接目的是促使学生掌握运动的知识、技术和战术，同时也能培养学生的观察能力和思维能力。

1. 理论根据

在运动训练过程中学生的认识过程脱离不了人对事物认识过程的规律，直观性原则就是根据“从生动的直观到抽象的思维，从感性的认识到理性的认识”而确定的。学生在学习和掌握练习的时候，首先用听觉和视觉接收外部信息（用耳听生动形象的语言，用眼睛看图片、电视、录像、电影、示范等）；其次用触觉、运动觉、平衡觉通过教练员的各种助力或阻力传递内部信息，获得动作表象，建立正确的概念；最后通过反复练习，直到学会动作。所以说，具体形象的直观教学，是学生形成抽象思维、掌握正确动作和清晰概念不可缺少的一个阶段。

2. 基本要求

（1）根据具体条件广泛采用多种直观手段

学生综合利用感觉器官的能力越强，就越能较快地感受和掌握动作。但各种感觉器官所起的作用在训练的不同阶段是不同的，如技术训练，在开始学习动作阶段，听觉和视觉的作用较大；而在巩固提高（练习）阶段，则触觉、运动觉、平衡觉的作用较大。因此，在初学阶段，要充分利用各种听觉、视觉的直观手段；在实际练习阶段，就要更多地运用肌肉本体感觉等直观手段；当学生已经基本掌握动作，进入改进、巩固和提高阶段时，可较多地运用各种及时传递信息的手段，以引起学生的注意，使之改正。

无论在哪一阶段，都要尽可能地采用多种手段，以提高学生各种感受器官的机能水平和综合分析能力，提高学生对练习的兴趣，尽快地掌握动作。

（2）要明确各种直观手段的目的和要求

在教练员做示范或学生看挂图时，都应明确看什么？怎么看？解决什么问题？不能为直观而直观。对高水平的学生，在运用直观手段时，要注意发展学生的抽象思维能力。一些没有经验的教练员在训练实践中往往喜欢多做示范，但由于缺乏明确的目的，费时不少，且效果不大。

（3）要考虑学生的特点和水平

在运用生动形象的语言作为直观手段时，要特别注意学生的运动经验和接受能力。语言表达中必须包括有关的运动概念和术语，否则就不可能正确表达动作的形象或要点，而学生的运动经验与其所掌握的有关概念的多少有关。概念掌握得越丰富，就可越多地通过语言唤起对动作的表象，以利于建立新动作的正确概念。所以，对不同年龄、不同性别和不同水平的学生，采用语言这种直观手段的方式也不相同。如对年龄小、运动经验不多、水平低的学生应注意运用直接的感官手段（如示范、挂图、电视录像、电影等），而语言中出现的概念和术语应是他们所懂得和所理解的。

（4）通过直观感觉启发学生的积极思维

采用各种直观手段，一般只能建立起对动作的表象，而要形成对动作的正确概念，达到理性的认识，掌握动作，就必须通过积极的思维。因为“感觉到了的东西我们不能立刻理解它，只有理解了的东西才能深刻地感觉它”，而理解的过程也就是思维的过程。所以，在运用各种直观手段时，教练员要善于启发学生的积极思维，了解学生的思维活动，通过分析、比较、提问等形式，使学生加深对动作的理解，从而经过反复练习，掌握动作，提高质量。

此外，感觉过程中的积极思维，还有助于发展学生的智力，提高他们分析问题和解决问题的能力。

（5）要注意运用直观手段的时机和方法

如运用挂图这个直观手段纠正学生的错误动作时，应在学生知道自己的错误后再采用，使之直接观察正确的做法，进行正误对比，如此改正的效果比较好。有条件的可利用录像，将学生的动作录下来，然后再放出来进行观察和分析，效果更好。

（三）一般训练和专项训练相结合的原则

一般训练是指根据未来专项运动的需要，在运动训练中以多种多样的身体练习的方法，提高学生各器官系统的机能水平，全面提高运动素质，改进体形，使学生掌握一些非专项的运动技术和理论知识。

专项训练是指在运动训练中以专项运动本身的动作，以及与专项运动技术结构相似的练习进行训练，提高学生专项运动所需要的身体素质，使学生掌握专项运动的技术、战术和理论知识，以保证专项运动成绩不断提高。一般训练的主要目的是根据专项运动需要，为学生提高专项运动的素质、技术水平、战术水平，创造优异成绩，打好各方面的基础。只有进行专项训练，才能保证提高专项运动所需要的身体机能水平和专项运动素质，从而掌握专项运动的技术和战术。如果离开了专项训练只搞一般训练，就不可能提高运动技术水平，创造优异成绩。

但专项训练对身体局部负荷较大，久而久之易使学生的身体疲劳，易产生枯燥和厌倦练习的情绪，同时还会造成损伤。为了避免此类现象的发生，就要通过一般训练进行调节。

总之，一般训练和专项训练是对立的统一，在运动训练中必须使两者有机地结合起来。否则会导致运动训练效果较差。

1. 理论依据

（1）有机体是一个统一的整体

人体的各器官系统是相互紧密联系的。通过训练，人体的各器官系统所产生的适应性变化，也总是相互联系的。学生创造优异的运动成绩依赖于身体机能水平的全面提高，但任何一种专项训练对学生各器官系统的影响都有一定的局限性；而进行一般训练，采取多种多样的训练内容和手段，就可以补充专项训练的不足。

（2）根据运动技能转移的规律

运动技能是在中枢神经系统的统一支配下，建立的一种暂时性的神经联系。这种暂时性的神经联系，建立得越多，就越巩固（学生掌握的技术、技能和知识越多，越巩固）。在建立新的暂时性神经联系时，学习掌握新的动作也就较快、较容易。

（3）根据运动素质转移的规律

各运动素质的发展是相互影响、互为促进的。在发展力量素质的同时，对速度素质的发展也有影响。一般耐力发展缓慢，专项耐力的发展也不快。

2. 基本要求

（1）目的明确

选择一般训练的手段，必须有明确的目的。要防止多而不精、走过场的现象。

（2）适应专项需要

一般训练要适应专项的需要，反映专项化的特点，并且要有重点。如果发展速度力量素质，就应选用动作快、负荷量小或中等、重复次数较少的练习。要发展一般耐力，就应选用动作简单、重复次数多、时间长的练习。如球类、体操、跳水等项目就应多选择发展灵活性、协调性、柔韧性等方面的练习。

（3）合理安排两者比重

根据实际情况，合理安排一般训练和专项训练的比重。

不论是多年训练、全年训练、一次训练课，不论是优秀学生或一般水平的学生，都要根据项目的特点，根据不同的训练阶段和训练任务而合理安排。不能搞“一刀切”，各占 50%。在一次训练课，可单独安排，也可穿插安排，还可采用循环练习。

（四）不间断性原则

不间断性原则是指从初期训练到出现优异运动成绩，以及保持和提高，直至运动寿命终结，都应不间断地进行训练。这里所指的不间断地进行训练，是在训练的全过程中，训练内容的选择安排、运动负荷的安排，以及方法的采用，都应根据其内在联系，循序渐进地逐步提高，并不间断地进行。

1．理论依据

①学生有机体在解剖形态、生理机能、生化过程等方面产生一系列适应性的变化，必须通过系统的、不间断的训练才能获得。否则，运动训练对有机体所产生的适应性变化，不但不能积累，而且会逐渐消退。

②各运动项目的知识、技术、战术都有其本身内在的联系和系统性，要根据这一内在联系性不断地进行强化，才能巩固和提高。

③学生在初学技术和战术时，尚未形成动力定型，若中断训练和练习，就会使已学的技、战术消退或消失（大脑皮质暂时性神经联系中断）。

2．基本要求

①坚持多年、全年系统训练，保证有机体所产生的一系列适应性变化能够获得长期的积累。要使训练的时期与时期之间、阶段与阶段之间、课与课之间紧密衔接，成为一个系统的训练整体。

②在选择和安排内容时，要做到由浅入深，由易到难，由简到繁，由已知到未知，体现知识、技术、战术的系统性。

③业余训练和专业训练之间要做到层层衔接，学校代表队、业余体校、重点体校、专业队，每一个训练的组织形式之间，以及训练大纲的制定、训练的实施和比赛的安排等，都应有机地联系起来，以保持训练的不间断性。

④在训练过程中要注意防止伤害事故的发生。伤病会影响学生训练的连续性，事故的发生会影响集体的训练效果。

（五）周期性原则

周期性原则是指整个训练过程周期性地进行。每一个周期并不是简单的重复，后一个周期是在前一个周期的基础上进行的，从而不断地提高训练水平，创造优异成绩。每一个训练周期的任务、内容、负荷、手段都是不一样的，而最主要的差别是任务、内容和负荷。

以周期的形式安排训练的原因如下。

人体不是机器，在训练中不可能始终按最大能力进行活动，而是一段时间机能水平高、一段时间机能水平低。机能水平低的一段时间是为更高机能水平的活动服务的，这样一高一低地交替就形成了一个周期。

运动竞赛有年度性和季节性，运动员必须在一定时间内参加比赛，在此之前的准备和在此之后的休息也是有周期的。

运动员在良好的竞技状态下进行比赛，才能创造出优异成绩。而竞技状态也是变化的，有一个形成、保持和暂时下降的过程，整个过程也是一个周期。

1. 理论依据

周期性原则主要依据的是竞技状态的客观规律。竞技状态是指运动员达到优异运动成绩所处的最适宜的准备状态。

（1）良好竞技状态的三个特征

①有机体各器官系统的机能水平大大提高，能最大限度地适应大强度和极限强度的训练和比赛，恢复过程较快。

②素质和专项运动技术有很大的提高，而且两者紧密地结合，良好的身体素质通过专项技术最大限度地体现出来。中枢神经系统调节各个器官的能力达到了最高水平。这时动作更加准确、熟练和协调。

③运动员情绪高涨，精力旺盛，自我感觉良好，渴望参加比赛。在训练和比赛中斗志昂扬、不畏艰险，具有充分的信心，敢于拼搏。运动员特殊的运动感受能力提高，如游泳、跳水运动员的水感，球类运动员的球感都很好。

总之，运动员的比赛成绩是衡量竞技状态的重要标志。

（2）竞技状态发展的过程

①获得阶段。

有机体机能水平不断提高；运动素质得到全面发展；形成专项运动技术、战术；心理因素初步稳定。此阶段各个条件相互之间的联系不够紧密，没有构成统一的整体，还不能在比赛中以优异的成绩表现出来。像修房子的备料阶段一样，料备齐了，不等于就修好了房子。

②竞技状态的形成阶段。

在第一个阶段的基础上，使以上各个因素有机地结合起来，构成了统一的整体，具有了专项化的特点，竞技状态基本上形成了。

③相对稳定阶段。

竞技状态的所有特征都在本阶段表现了出来，并且进一步巩固、提高。但它是相对稳定的状态，不是在此阶段的任何时刻都能够创造出优异成绩，还有可能在短时间内出现暂时下降。经过合理调整，竞技状态不仅能恢复到原有水平，而且还有可能超过原有水平。

④暂时消失的阶段。

上述各阶段不像原来那样联系紧密，呈一种正常的、暂时性的下降趋势。因为人体有自我保护的生物本能（保护性抑制状态），它不可能使竞技状态一直处于巅峰状态，而是一高一低地出现，以此保持机体的健康。人体机能的发展，就像事物的发展一样，总是以螺旋式的方式不断上升，在旧的基础上有新的发展和提高。从竞技状态发展的三个阶段可以看出，竞技状态的形成必须经过一定时间科学而严格的训练，已形成的竞技状态相对稳定，在一个时期后会暂时消失。因此，这就需要对训练进行一段时间的调整，并经过一段时间的再训练，才能在原有的基础上形成更高的竞技状态。

相对稳定和暂时消失形成了一个周期性的循环。根据这个规律将训练分成一个周期，并在一个周期中又按竞技状态的三个发展阶段划分成三个时期。即准备期，保证竞技状态的获得；竞赛期，保持和发展竞技状态；过渡期（休整期），对竞技状态的暂时消退进行调整。

所以，从一定意义上说，运动训练过程就是控制竞技状态发展的过程。

（3）影响竞技状态的因素

①重大比赛的日程。

国内外重大比赛都有预定的日程，要保证在重大比赛中创造优异成绩，训练周期就要根据预定的竞赛日程划分，使运动员在预定的竞赛日程中形成和保持良好的竞技状态，以创造优异成绩。但由于具体情况有差别，要做到每一次都达到最佳竞技状态是很不容易的，必须通过不断实践，总结经验，进行科学研究，才能逐步掌握其中的规律。

②季节气候。

有机体各器官系统的机能水平在一定程度上受季节气候的影响，加之训练对象的水平及项目的特点不同，周期的划分要受其限制。但有时也不一定，其原因如下。

①运动员的最佳成绩可能在任何一个时期出现，并不是固定在某一个季节和时期。

②生活在不同地区、不同国家的运动员所处的自然环境不尽相同，但都要集中在一个地点同时比赛，不可能都表现出好成绩。

③随着现代体育设施的完善，季节气候的影响不太大，如冰上运动在夏天也可进行训练和比赛、游泳在冬天也可进行训练和比赛等。

2．周期的分类

①多年周期：一般是根据大型比赛的日程而安排的，如奥运会、亚运会、全国运动会是每4年举行一次，故多年周期一般是4年。

②大周期：以全年或半年为时间界限（也可一年半），是常用的一种周期。

③中周期：是一个训练阶段，一般以1个月或3个月为时间界限。

④小周期：以1个星期为时间界限（国外有以10天为一个时间界限的小周期）。

全年或半年训练的大周期由准备期、竞赛期和过渡期三个相互紧密衔接的时期所组成，构成了一个封闭性的周期。

3. 基本要求

①要根据对象和专项的特点，以及参加比赛的要求，全面科学地确定全年训练中周期的安排。如田径中的中长跑和田赛项目，以及游泳、滑冰等项目，由于获得良好的竞技状态需较长的训练时间，故大多采用单周期。而球类项目，全年比赛较多且比赛的时间又较长，因此安排双周期较多。

②每一个周期结束后都要认真总结经验，以便在上一个周期的基础上，根据多年训练的目标和运动员身体、技术、战术等方面存在的问题，提出新的改进办法和措施。

③各个周期中各时期都应有明确的任务，并根据训练任务确定以下内容：训练内容；各项内容的比赛；训练的负荷；训练的方法。

④应该以重大比赛日程安排训练周期，尤其是业余训练更不能围绕小型比赛进行，影响多年系统的训练。有些比赛也可参加，但不一定都要出成绩，比赛要为训练服务。

⑤业余训练要按学制来划分，其准备期要长些，竞赛期要短一些，过渡期要适当休息。

（六）合理安排运动负荷原则

运动负荷是指运动员在训练中所承受的生理负荷（又称运动刺激），包括负荷量（训练中可供统计的总量）和负荷强度（运动员做练习时的紧张程度和对机体影响的大小程度）两个方面。

负荷量与负荷强度关系密切，相辅相成。影响负荷量的主要因素是练习的次数、时间、距离、负重总量等；影响负荷强度的主要因素是练习密度，完成每个练习在训练过程中所占的百分比。它反映了练习的紧张程度和对有机体机能影响的大小，而且影响负荷量的各种因素也能影响负荷强度，影响负荷强度的各种因素同时也能影响负荷量，所以负荷量和负荷强度是相互联系、不可分割的。一定的负荷量就具有一定的负荷强度，而负荷强度对有机体的影响起着更为重要的作用。

有机体能承担较大的强度，就能承担较小强度的较大量；同样，有机体能承担较大的强度，就能承担较小量的较大强度。随着量的增加，强度也可以增加，而强度增加了，又对量的增加提出了相应的要求。总之，两者相辅相成，互相促进，不断提高，使运动负荷呈现逐步增加的趋势。

1. 理论依据

（1）根据有机体“超量恢复”的规律

超量恢复是指在训练中有机体被消耗的物质，在运动后不仅能恢复到原来水平，而且在一段时间内甚至出现超过原来水平的现象（超量恢复保持一段时间后又回到原来水平）。在运动结束之后，人体的各种机能已处于一个很高的水平，必须经过一段时间之后才能逐渐恢复到运动前的状态。这种机能变化叫恢复过程。

但是，各种机能并不是在运动结束之后才开始恢复的。实际上是有机体在运动时，随着能量物质分解后的再合成就开始了恢复。因此，各组织细胞中的消耗（分解）超过了恢复（再合成），能量物质不能完全消除。只有在运动后，强度的消耗停止，此时合成过程超过了分解过程，人体才能彻底得到恢复。

没有消耗，也就没有恢复。消耗和恢复过程有三个阶段。

①运动时的消耗阶段。

这一阶段，消耗过程占优势，恢复过程也在进行，由于运动时间长，强度大于恢复，使能量物质减少，各器官系统的工作能力下降。

②运动后的恢复阶段。

运动停止后，消耗过程减弱，恢复过程明显占优势。此时能量物质和各器官系统的工作能力逐渐恢复到原来水平。

③超量恢复阶段。

在恢复到原来水平的基础上，在一段时间内出现超过原来水平的情况，此时进行下一次练习效果最好。

总之，在一定范围内，训练负荷量超大，消耗过程超剧烈，超量恢复就越明显。如训练负荷大，会使恢复过程延长。如果长期这样训练，使疲劳积累，即会产生过度疲劳。需要指出的是，初次参加运动的训练者，负荷量只能达到本人最大负荷的 70%，负荷强度采用所能承受的极限强度的 30%。

不同的能量物质出现恢复的时间有早有晚。如在跑 100 米后，磷酸肌酸的超量恢复在 2～5 分钟。在进行短时间的大强度训练后，肌糖原约在 15 分钟后出现超量恢复。跑一次马拉松后，脂肪成分在 3 天后才能恢复，蛋白质的超量恢复时间更晚。游泳运动员在大负荷训练后，1～3 天内身体机能水平明显下降，3～5 天恢复到原来水平，5～8 天后才出现超量恢复。

总之，有机体在承担一定负荷后，就产生疲劳—恢复—超量恢复的过程。要达到超量恢复的目的，就要使有机体在承担一定的负荷后，安排一定时间的休息，使负荷与休息合理地交替进行。

（2）根据有机体机能“节省化”的规律

有机体机能“节省化”的规律，是指在一定的负荷之下，使身体变化逐步适应、紧张程度降低、能量消耗减少、反应减弱的现象。

（3）根据有机体适应的非同时性规律

有机体承担负荷后，就会产生反应，这种反应有一段时间的逐步适应过程，即形态的适应、生化的适应、机能的适应。但这三方面不可能同时适应，总是有先有后，只有这三方面都适应了，才能再加大负荷。

2．基本要求

（1）训练负荷的安排要因人、因项、因时而异

训练负荷的大小都是相对的，“最大限度”“极限负荷”没有一个固定的负荷量和负荷强度，它要根据具体情况，从实际出发，合理安排。要知道，训练负荷是手段而不是目的，不能盲目追求大负荷，更不能有越大越好的错误观点。

水平不同的运动员，由于生活环境等条件不同，更要从实际出发。没有训练的运动员如以最大运动能力为 100% 来说，在训练时最多只能表现出最大运动能力的 70%。假定训练目标要达到最大运动能力的 90%，开始训练应以最大运动能力 30% 的强度为负荷，若低于 30% 则不能引起超量恢复，因此是无效训练。若负荷过大，可能会产生严重的后果，甚至危及生命。

训练 4～6 周后，若仍以 30% 的强度为负荷，会由于有机体对这个负荷已经适应了，故产生机能“节省化”现象，就不能引起机能水平的进一步提高。为此，必须增加负荷，新的负荷一般比原来的负荷增加 10% 以上，为最大运动能力的 40%～45%。经过几周训练再进行测试，以确定下一次的负荷。这样经过几年训练，就有可能达到最大运动能力的 90%。

（2）训练负荷要逐步加大，掌握好训练节奏

运动负荷的增加要由小到大，循序渐进地逐步提高，形成一个加大—适应—

再适应的过程。在具体安排时，要掌握好训练的节奏，并有适当休息。科研成果表明，在一次大负荷训练后，一般要经过 48 小时才能恢复到正常水平。故在一次大负荷训练后，必须安排中小负荷训练或者休息。

（3）要合理安排负荷量和负荷强度

在训练中一般是先安排负荷量，在量积累的基础上，逐渐加大负荷强度。在加大强度时，负荷量又适当降低。当有机体产生“节省化”现象后，再增加负荷量，负荷强度又适当减少，这样逐步升级，不断提高训练水平。如果负荷量和负荷强度一直同时增加，不但整个运动负荷加不上去，而且容易产生过度训练。总之，在一个训练周期中，负荷量和负荷强度的安排要处于波浪形的起伏状态。

（4）训练负荷的安排要考虑项目特点

①从项目特点方面考虑。

短跑的训练强度较大、时间短、量小，而中长跑则相反；体操的时间长、量大；球类中的个人项目与集体项目等技术性较强的则量相应较大，时间较长。待技术掌握后，再加大强度。

②从季节时间方面考虑。

离比赛时间越远，越偏重于加大负荷量；离比赛时间越近，越要加大负荷强度。

冬训负荷强度相对较低，负荷量较大；而夏训负荷强度较大，负荷量相对减少。

③从素质训练方面考虑。

进行速度或爆发力练习时，着重要求负荷强度，负荷量则相对减少。

进行耐力或力量训练时，负荷量相应加大，负荷强度则明显降低。

④从训练的各个时期上考虑。

在准备期的训练中，以具有一定强度的量为主，着重要求平均强度。

在竞赛期的训练中，以具有一定量的强度为主，突出强度。

另外，掌握负荷强度，还要处理好平均强度和最高强度的关系。既要注意一次或几次训练课中某项练习的平均强度，又要注意其中一次或几次用最大或接近最大用力完成的最高强度。较高的平均强度是提高最高强度的保证，一般在冬训中往往偏重于提高训练的平均强度，而在夏训中往往要集中力量提高最高强度。提高负荷强度时要注意以下几点。

①在技术训练中，用比赛的形式进行训练。

②在速度训练中，缩短跑的时间。

③在弹跳力训练中，要使完成的数量固定，不断提高强度的要求。如固定跳远，要逐渐减少助跑距离，或固定助跑距离而增加远度。

④在力量训练中，要不断增加重量，而不是强调增加次数。

（5）科学地安排负荷与休息

要使每次训练课的安排都能在运动员机体的机能水平得到恢复和提高的基础上进行。训练课之间的间歇不能过长，也不能过短。若时间过短疲劳就会逐渐积累，直至产生过度疲劳；时间过长会使运动员机体产生运动性变化，掌握技术、战术产生的良好的反应就会消失。

（七）有效控制原则

有效控制原则，是指以系统科学的理论与方法为依据、以最优化训练控制为目标、以立体化训练控制为基础、以信息化训练控制为条件、以模型化训练控制为基本方法，对运动训练全过程实施全方位的优化控制，以实现运动训练的科学化。

贯彻有效控制原则的要点如下。

1．实施最优化训练控制

要实现最优化训练控制的目标，并实施最优化训练控制应注意以下几点。

①在全面获取信息的基础上，根据自身的情况确立最适宜的训练目标。

②以定量化的科学训练为主，做到科学训练与经验训练相结合，定量训练控制与定性训练控制相结合。

③广泛采用现代科学技术，在可能的条件下，尽可能提高训练手段的现代化和科学化水平。

④重视各训练过程的反馈调控，及时调整训练中存在的偏差，以保证训练目标的最终实现。

⑤注意训练手段和内容的最优选择。

⑥注意以省时、定时、低耗、高效为标准，根据实际条件，对教练员的训练工作做出科学、客观的评价。

⑦注意提高教练员和运动员实施科学化训练所需要的知识水平，学习和掌握一些科学化训练的手段，为实施最优化训练控制提供良好的条件。

2．实施立体化训练控制

要做到全方位地实施立体化训练控制，应注意以下几点。

①在训练内容、手段的选择和运动负荷与恢复等安排中一定要考虑它们之间的内在联系，全面地进行安排。

②将影响训练科学化的各种因素综合在一起进行整体的科学调控，而不要只注意运动场上的训练调控。

③实施立体化训练控制时，应注意按一定的程序，即树立整体化的训练控制观念—分析影响训练的各种因素及其内在的纵向、横向联系—设计纵向系统化训练方案—设计横向综合训练方案—组织实施全方位的训练—反馈调控。

④将各种训练安排衔接起来，保持不间断的训练，以产生稳定、良好的训练适应性。

⑤在训练过程中，必须以最合理的程序进行系统的安排。

⑥在训练管理体制上，注意使从学校课余运动队训练一直到优秀运动队训练形成一条龙的训练、竞赛体制。

⑦要注意加强医务监督，防止因过多地出现伤病而影响训练的系统性。

3. 实施信息化训练控制

要做到实施信息化训练控制，应注意以下几点。

①注意了解和掌握信息化训练控制的基本规律，将信息化控制贯穿于训练全过程，充分发挥信息的积极作用，做好训练。

②要注意随时监测训练过程中的各种信息，以便更好地应用反馈原理对训练全过程实施“步步反馈调控”和“闭环式训练调控”。

③要处理好知识信息和经验信息的关系。扩大自身的信息储备，提高自身信息检索的能力。

④充分利用各种信息手段，提高信息传输的效果，尤其要注意提高教练员使用现代信息手段的能力。

⑤训练中应注意收集多学科人才提供的信息，实现多学科人才的“智力协作”。

⑥在重大比赛前要重视情报信息的获取。

⑦注意提高教练员的科学研究能力，不断进行技、战术和训练方法的创新。

4. 实施模型化训练控制

要做到实施模型化训练控制，应注意以下几点。

①重视为运动员建立各种科学的、定量化的、具有严格逻辑顺序性的训练控制模型，努力提高控制模型的质量。

②注意实施个体化训练，为每名运动员建立符合其个体特点的训练控制模型。

③注意克服训练中的盲目性、无计划性和随意性，严格地按照一定的训练模型进行训练。

④在全力保持训练计划相对稳定性的基础上，应根据训练情况的变化，灵活地调整训练计划中相应的控制模型。

（八）动机激励训练原则

动机激励训练原则，是指在运动训练中通过各种方法，激励运动员主动从事艰苦训练的动机和行为。也就是努力启发运动员的积极性、主动性，培养他们的独立思考能力、创造能力和自我调控的能力，促使他们以最大的动力高质量、高效率地完成训练任务。

贯彻动机激励训练原则的要点如下。

1. 加强训练的目的性教育和正确价值观教育

通过各种教育学、心理学的手段，进行训练的目的性教育，逐步树立自觉从事训练的态度。没有目的和目的不明确地进行训练和比赛，是不可能产生自觉行为的。由于运动员年龄、知识、能力、人生观及所处的生活环境等方面的差异，他们对训练的认识程度是不同的。要使运动员明白获得优异的运动成绩对国家、民族、家庭、个人的重要性，引导运动员从不同角度、不同层次认识参加运动训练获得优异的运动成绩的价值，并与目的性教育结合起来，贯穿于训练的全过程。

2. 满足运动员的合理要求

要关心运动员的生活，安排好他们的衣食住行，尊重他们，保证他们的安全，引导形成“自我实现”的更高层次目标，以使其产生积极进行训练和比赛的动机。

3. 激发运动员参与训练和比赛的兴趣

运用各种符合不同年龄运动员个性心理特征的手段，激发运动员参加运动训练和竞赛的兴趣。初期训练时应该以游戏的形式进行训练。过早地进行单一的专项训练会使运动员产生对训练的厌倦情绪。

4. 充分发挥运动员在训练中的主体作用

使运动员了解训练的目的、任务、要求与安排，并使运动员在一定程度上参与训练计划的制订和运动训练的组织，只有这样，才能使运动员的训练变被动为主动。同时，要注意有意识地培养运动员独立思考的能力，提高运动员在各种复杂的环境、社会条件下，较好地控制自己的技术动作的能力。例如，可采取在教练员直接和间接调控下的自主式训练和自由式训练方式，让运动员更多地进行自我调控，发挥运动员的主动性。

5. 注意教练员自身的榜样作用

教练员要特别注意自己的行为，要善于说服教育，并发挥自己的表率作用，通过有效的训练提高运动成绩来争取运动员的信任和形成权威，并以此激发运动员的积极性。

6. 提高运动员的自我反馈能力

定期或不定期地进行成绩检查和考核，培养运动员进行自我分析与评价的习惯。如让运动员互相观看、分析、评价同伴的技术动作，赛前组织运动员对战术的角色进行讨论，出主意、想办法。要求运动员记训练笔记和进行阶段训练小结，通过考核、评比，引入竞争机制，从而提高运动员参加训练的自觉性和积极性。

7. 注意掌握从严训练的尺度和方式

教练员要克服那种用简单、粗暴的方式代替“从严训练”的倾向。所谓“从严”，是指训练中严格执行训练任务，在技术动作上一丝不苟，在思想教育上不放松，在生活上严格管理，在比赛中严格执行战术指令等。

8. 根据不同运动员的特点决定从严训练的方式

不同的对象要有不同的要求。如女运动员有氧能力强，可采取一些“罚练”的手段，但男运动员却不宜过多采用。前期着重于基本技能上的从难、从严要求，对体能和实战能力的要求相对降低，而到后期，则转向对体能和全面竞技能力的从难、从严训练，并要十分重视从实战出发进行训练。

9. 注意正确地运用动力

精神、物质和信息三种动力要互相补充，扬长补短，取得最佳的效果。在具体运用中，首先要根据具体情况有所侧重；其次，要正确地认识和处理好个体动力和集体动力的关系，让个体动力在大方向基本一致的情况下得到充分发展，以求得比较大的集体动力的总量；最后，利用动力时要掌握好适宜的“刺激量”，过大没有必要，过小起不到作用，必须掌握好这个刺激量的“度”，并根据不同的贡献大小，拉开档次，有所区别。

10. 克服“以赛代练”“以赛养练”

从实战出发绝非单纯地大量参加比赛，比赛要讲节奏，要适量。“从实战出发”主要指从比赛的需要出发进行训练，要全力发展比赛中最需要的竞技能力，要提高运动员对比赛中各种变化条件的训练适应性，要针对比赛中暴露出来的各种问题进行有针对性的训练，也包括参加一定数量的热身赛。

二、高校体能训练的要求

（一）一般训练和专项训练分配要合理

一般训练是专项训练的基础条件，一般训练可以为专项训练奠定良好的基础。但一般训练还是不能代替专项训练的，当学生在专项运动中想要获得更进一步的发展时，只有发展专项体能才能提高专项运动的能力和成绩。因此，在对学生进行体能训练时，教师一定要根据学生的运动发展水平和能力合理安排一般训练和专项训练，使学生的身体素质和专项运动成绩都能得到提高。

（二）要注意突出体能训练的重点

在体能训练的过程中，要注意突出体能训练的重点。在进行专项训练之前，必须先全面提高体能，为专项训练的深化打下良好的基础。但是，在全面提高体能的同时，也要根据学生的具体情况和专项训练的体能需要因人而异、因地制宜地安排训练内容，突出训练的重点，使体能训练能够全面而有重点地进行。

（三）要紧密结合运动专项的特点

在对学生进行体能训练时，要紧密结合学生从事的运动项目的技术、战术进行专项训练，从而使学生获得的体能素质能够与其专项运动有机结合起来，帮助学生在进行专项运动时能通过技术、战术充分发挥已经获得的运动能力。专项训练的内容安排和训练方法的选择，一方面要突出专项运动的特点，在表现形式上尽量与专项技术动作保持一致，另一方面要充分考虑身体训练的生物力学特征。只有这样，才能使体能训练的效果在专项运动的训练和比赛中体现出来。

（四）训练要配备完善的评价系统

体能训练要配备完善的评价系统，总的来说，就是要定期或者不定期地对学生体能训练的效果进行检测，对学生的体能训练结果进行总结和评价，将数据量化的分析和评定结果反馈给学生。一方面可以使学生明确自身是否达成了体能训练的目标，明确自身的运动素质和能力是否已经达到了专项运动所要求的目标；另一方面还可以使学生根据评价结果找到自己在体能训练中的不足之处，并有针对性地对自身的不足进行完善。完善的评价系统有利于为体能训练提供科学化的指导依据，能够在一定程度上避免盲目训练。

第二章　高校学生体能的发展

本章主要对高校学生体能的发展进行介绍，主要从以下三个方面展开阐述，分别是影响高校学生体能发展的因素、高校学生体能发展的特点、高校学生体能发展的原则及要求。

第一节　影响高校学生体能发展的因素

体能是对身体素质和运动能力的概括，它表现为人体各器官系统在肌肉活动中所表现出来的机能，是一种能够满足生活需要和完成各种活动的需要的能力。体能包括与健康有关的体能（心肺耐力、柔韧性、肌肉力量、肌肉耐力和身体成分）以及与动作技能有关的体能（速度、力量、灵敏性、神经肌肉协调性、平衡性、反应时）。体能与体质有着密切的关系，一些研究资料表明，体能与体质的相关程度较高，其相关系数男生高达0.919，女生达0.8263。因此可以说体能是衡量一个人的体质水平的重要因素。人的身心发育过程是机体不断适应外界环境的过程，也是遗传性和适应性矛盾统一的过程。总的来看，影响人体健康和体能发展的因素较多，但归纳起来，通常可分为先天遗传因素和后天因素两大类。

一、先天遗传因素

遗传因素在个体的生长发育过程中起着重要的作用，它是构成机体潜在特征的要素。个体的体型、长相、性格和气质等都受到其父母的种族以及一切遗传基因，包括某些遗传性疾病的影响，如单卵双生子的同病率高于双卵双生子。但是，遗传程度又取决于后天的环境条件，一般来说，遗传的变异也是十分常见的。以体型为例，在良好的物质条件下成长的子女，其身高会超过父母的平均身高水平。通过外界环境的改善，机体在充分发挥其遗传潜在特征的同时，还能朝着良好的方面发展。若干年后，这种后天获得的优良体质和体格能够遗传给下一代。不良的环境和不利的外界因素的干扰可使机体内外的平衡失调，引起遗传基因突变，导致各种遗传病的发病率升高。因此，在人的一生中注意卫生保健，养成健康的行为和生活方式，并提倡科学健身、优生优育等，都会促使遗传变异向良好的方面转化。这是保障种族世代繁衍，增强体质，获得健康、美好生活的基本措施。

此外，人类在心理上的遗传特征也十分明显。以人的智商为例，美国行为遗传学研究所的学者对245位收养子女进行长达7年的调查研究发现，遗传对智商有很大的影响。例如，一个亲生父母智商平平的孩子一生下来便由智商很高的养父母抚养成人，但其智商基本与亲生父母相近。这类孩子在3～4岁时智商受其养父母的影响，但随着年龄的增长，智力遗传特征就逐渐显露出来，智商越来越向亲生父母靠近。这种情况说明，先天赋予个体智能的差异与遗传因素有关。但是，环境因素对身体素质和心理素质的形成和提高有着不可忽视的价值和意义。当生活条件和所接受社会教育的质量相差较大的时候，个体发育、健康水平也将有明显差异，智商高的人也可能“不学无术”，智商平平的人也可能“有志者，事竟成”。由此可见，尽管遗传是一个重要因素，但不是决定因素，后天的刻苦努力往往是成才的决定因素。

二、后天因素

（一）环境因素

一般而言，环境对人类健康的影响极大，几乎所有影响人类健康的因素都与环境有直接关系。人类与环境之间的最本质的联系是物质和能量的交换。一方面，人体在环境中摄取空气、水、食物等生命必需的物质，在机体内经过分解、同化而形成细胞和组织的各种成分，并产生能量，以维持机体的正常生长发育和各项生理活动；另一方面，在机体内产生的各种代谢产物，通过各种途径排到环境中，在环境中，经过多次变化，又成为营养物质再被人体所摄取。

通常情况下，环境的构成及其状态的任何异常变化都会不同程度地影响到人体的正常生理活动。人类具有调节自己生理功能以适应环境不断变化的能力。当环境的改变不超过一定范围时，人体是完全可以适应的，如人体可以通过体温调节来适应环境中气象条件的变化；反之，则可引起人体某些功能和结构发生异常甚至病理性改变。这种能使人体发生病理变化的环境因素称为环境疾病因素。人体的疾病绝大部分是由环境疾病因素引起的。在环境疾病因素中，环境污染又占有较重要的地位。以人类肿瘤为例，有学者提出在人类恶性肿瘤的病因中，有80%～90%是由环境因素引起的，从而提出了环境致癌学说。在环境致癌因素中，有学者认为化学性因素约占90%。一般来说，根据人类所处的环境，可将环境因素分为自然环境和社会环境两个方面。

1．自然环境因素

自然环境因素，即自然界中的空气、气流、阳光、水源、土壤、食物、气候以及各种物理、化学和生物等诸因素，它是为人类提供生存和发展的物质基础。我国古代医学家早在2000年前就发现了自然、气候与人的心理和生理健康有关，并提出了“天人相应”“天人合一”“人以天地之气生，四时之法成”的说法。

人类与自然环境之间是相互联系、相互影响的。人置身于大自然中，能摄取对身体有益的物质，不同气候和不同季节对人体的基础代谢有一定影响。如生活在热带地区的人，生长发育速度往往要比生活在寒带地区的人快，且寿命会比寒带地区的人短。由此可知，气候、季节与生长激素的分泌或能量代谢有关。优美适宜的环境能使人心情舒畅，内分泌协调，精力充沛，对学生的身心健康成长更为重要。但当外界环境受废气、废水、粉尘等公害污染，或环境刺激超过机体的适应能力时，机体与外界环境之间的平衡被破坏，人体健康就会受到影响。

高校的自然环境通常包括宿舍、教室、阅览室、体育活动场所、绿化区以及校园周围环境等。一般来说，优雅适宜的校园环境，能促进学生身心健康发展，有利于提高学生学习的积极性和陶冶学生的情操。反之，则可直接或间接地影响学生身心发育和健康，如教室卫生条件差，体育活动场所少，或周围有来自工厂的污水、废气等，这不仅容易导致各种疾病的发生，引起各器官系统功能紊乱，还会严重影响学习效率。由此可见，绝不可忽视环境因素对人体身心健康的影响，各高校要高度重视校园环境的规划和建设，积极创造良好的校园环境，促进学生身心健康发展。

2．社会环境因素

人们生活在社会大家庭中，主要与社会组织结构和社会意识结构发生联系。所谓社会组织结构，是指家庭、工作单位、医疗保健设施以及其他社会集团。所谓社会意识结构，是指政治思想、道德观念、风俗习惯、文化生活以及政策法令等。这两类社会因素所产生的作用和影响，都可能成为有益或有害于人体健康的外部因素。

家庭环境对身心健康成长的影响是直接的，家庭结构、经济条件及父母的文化修养都直接影响孩子的健康成长。从教育角度来看，父母是子女的启蒙教师，父母的人格会直接影响到子女。在追求民主的家庭里，子女一般开朗活泼。如果从小缺少家庭温暖或生活在孤寂、贫困的环境中，虽然这些孩子的独立能力较强，但性格较孤僻。家庭是个人生活的结合体，而学校则是学生学习（生活）的合作体。学生在学校接受文化教育，而文化程度又决定着人们的自身发展以及对客观事物的认识和控制能力。人们掌握了科学文化知识，就会更好地劳动和生活，更好地安排自己的休息、娱乐和运动。高校学生正处在身心发育的关键时期，如果学习、掌握了健康保健知识与方法，讲文明、讲卫生，养成健康的行为和生活习惯，会对自身发育成长产生积极的影响。

此外，创造良好的学校卫生环境，以及制定集体的作息制度等，都有助于培养学生良好的生活、卫生习惯，增进身心健康。因此，社会环境因素中的教育因素对学生的健康成长十分重要。

（二）心理因素

我们知道，人类有着极其复杂的内心世界，在人体内既有生理活动，又有心理活动，因此人的身心健康不仅受生理因素影响，也受心理因素制约。中医中有“怒伤肝，喜伤心，思伤脾，忧伤肺，恐伤肾”的描述，认为情绪不稳定可引起不同系统的疾病。现代医学临床实践和科学研究也发现，消极的情绪，如焦虑、怨恨、忧郁、悲伤、颓丧、恐惧、惊慌、紧张、愤怒等，可以引起人体各系统功能失调，导致失眠、心动过速、血压升高、食欲减退、尿急、腹泻、月经失调、乳汁减少等。目前，许多与心理有关的慢性疾病，如心血管病、肿瘤、慢性阻塞性肺疾病、意外伤害、自杀等已取代过去危害人类最大的传染性疾病，成为人类主要的死亡原因。相反，积极的、稳定的心理状态是保持和增进健康的必要条件。《黄帝内经》中说：“外不劳形于事，内无思想之患，以恬愉为务，以自得为功，形体不敝，精神不散，亦可以百数。”① 这表明，人的心理状态与身体健康有着直接的关系。

心理健康的标准虽多种多样，不同国家、不同地区和不同民族所确定的心理健康标准也有所不同，但又有其共同之处，其基本要素主要包括以下几个方面。

①形成正确的思维方式。人的思想和心理受到思维方式的影响，这是研究心理健康的第一个基本要素。

① 李春深．黄帝内经[M]．天津：天津科学技术出版社，2017．

②对现实有较强的适应能力。人的适应能力有生理适应和心理适应两种。生理适应通常有规律可循；而心理适应则比较复杂，应根据人所处的客观条件决定。

③能与别人建立良好的关系，对人诚恳、谦虚、宽厚，与人为善、乐于助人。

④有自知之明，能正确对待自己，不卑不亢。

⑤情绪稳定而愉快，能经受得起严重困难和极度欢乐，遇到逆境能泰然处之，经受得起委屈和打击。

⑥保持家庭和谐，有能深交的朋友。

需要指出的是，对于心理疾病的防治，单靠药物是治不好的，即使治好也是短暂的。外界刺激和情绪因素是身心疾病发病的重要原因，主要通过心理治疗以消除疾病的消极心理因素。

（三）营养因素

营养是增强体质、提高健康水平的物质基础。高校学生正处在生长发育的关键阶段，营养更是生长发育的物质基础。因此，必须不断地从食物中摄取各种必需的营养素，尤其是足够的热量、充足的优质蛋白以及各种维生素、矿物质和微量元素。

维生素是维持人体生命和正常功能不可缺少的营养素，若供给量不足，人体内的维生素含量减少，正常代谢和生理功能就会受到影响，严重的还可导致维生素缺乏症。如维生素 A 有维持正常视力、保护眼睛和维持上皮组织的功能。维生素 D 能促进钙的吸收，促进骨组织的钙化成长，参与钙磷代谢。如果维生素 A 缺乏，可引起眼干燥症、夜盲症。维生素 D 缺乏易得软骨症。

此外，微量元素亦与学生的生长发育有关，铁不仅是合成红细胞中血红蛋白的重要成分，还是一些重要代谢酶的组成部分。如果营养过剩也会妨碍生长发育，摄入热量过多或脂肪、胆固醇含量过高可导致肥胖。在营养不足的情况下，可造成身心发育上的各种缺陷或疾病，将会给学习、工作和身心健康带来极为不利的影响。因此，应注意合理地搭配各种食物，讲究科学的烹调方法，避免食物在烹调过程中造成营养素的破坏和损失，并注意养成良好的饮食习惯。

（四）疾病因素

我们知道，各种疾病对人体健康危害极大，任何引起生理功能紊乱的急、慢性疾病对学生的生长发育都能产生直接影响。影响的程度取决于病变涉及的部位、病程的长短和疾病的严重程度。一般情况下，慢性疾病对学生的生长发育影响较大。例如：地方性甲状腺肿流行区对学生的发育有严重影响，其身高显著低于正常同龄的学生；在血吸虫病流行区，学生的身高低于非疫区同性别、同年龄的学生。又如胃肠道疾病直接影响正常的消化吸收，造成营养不良，这不仅限制正常的生长发育，使体重减轻，而且使体能、智能下降，影响学习与生活。因此，对待各种急、慢性疾病应贯彻“以预防为主”的方针，采取必要的卫生预防措施，以确保高校学生身体的正常生长发育。

（五）生活方式因素

生活方式，是指人们长期受一定文化、民族、经济、社会、风俗、规范，特别是家庭影响而形成的一系列生活意识、生活习惯和生活制度。我国春秋时期齐国的医学家管仲曾说：“起居时，饮食节，寒暑适，则身利而寿命益；起居不时，饮食不节，寒暑不适，则形体累而寿命损。”[①] 表明我国很早就已经认识到生活习惯、规律、意识等与健康有关。

近年来，世界上很多国家广泛开展了健康教育，制定和实施各种卫生保健措施，尤其是在预防与控制生活方式病方面取得了前所未有的成就。生活方式病是指由于采用不良的生活方式而引起的一系列疾病，包括由个人不良生活方式引起的疾病和由现代化生活引起的“文明病”。例如：现代化交通工具的发展，使人们的活动量减少，运动能力下降；由于社会人际关系的复杂性，人的心理压力增大，引起各种心理障碍疾病；等等。这些由不健康的行为和生活方式导致的一系列疾病的发生和流行，不是一般传统的医疗技术和药物所能预防和控制的，应从行为因素入手，寻找对付生活方式病的基本对策。而健康促进和干预是通过传播来提高人们的健康知识水平和自我保健能力的，激励人们采取有益于健康的行为和生活方式。同时，健康促进不仅是治疗生活方式病的重要对策，而且也是预防和控制许多传染病和地方病的重要对策。例如，目前预防艾滋病的唯一有效方法就是健康教育。中华人民共和国成立后，党和政府一直重视预防工作，特别是在传染病的预防方面取得了很大的成就，并根据我国人民体质和健康状况提倡以下主要生活习惯。

心胸豁达，情绪乐观；劳逸结合，坚持锻炼；生活规律，善用闲暇；营养适当，防止肥胖；不吸烟，不酗酒；家庭和谐，适应环境；与人为善，自尊自重；爱好清洁，注重安全。

① 管仲．管子[M]．杭州：浙江人民出版社，1987．

高校学生正处于身心成长发育的关键时期，学校应与家庭及医疗卫生部门紧密配合，采取必要的措施，创造良好的环境条件，帮助学生养成良好的生活习惯，促进其健康地成长。

（六）体育锻炼因素

科学的体育锻炼，不但能够提高人体各系统器官的功能水平，提高大脑皮层及神经系统的协调指挥能力，全面促进机体的新陈代谢和体格的正常发育，还能促进人的生理、心理及免疫功能等产生一系列良好的变化。研究发现，坚持体育锻炼的人，在形态、功能和身体素质等方面与不经常锻炼者相比差异显著。经常参加体育锻炼，可提高神经活动过程的强度、平衡性和灵活性，使人的感知力、记忆力、想象力和观察力得到提高，对事物认识迅速、思维敏捷、精力充沛和注意力集中。同时，研究也表明，体育锻炼有利于促进大脑两半球的均衡发展，对发展创造性思维十分有利。经常参加体育锻炼还可以陶冶情操，培养勇敢、顽强、果断、坚毅的意志，增强集体观念，达到身心健康的目的。

高校体育锻炼通常在室外的自然条件下进行，由于受到自然环境因素的刺激，在身体活动的过程中可以不断提高大脑对兴奋和抑制的调节能力，获得和增强对自然环境变化的适应能力，使身体能经得起风雨的磨炼。体育锻炼能促进血液循环，增加心肌供血，增强心肌收缩力，给骨骼生长以充足的养料，有利于加速骨骼的生长，促进肌肉发达。长期锻炼可使呼吸功能不断加强，还能刺激各种激素的分泌，提高机体非特异性免疫功能水平。这些都充分说明，体育锻炼是使人身心健康的积极而有效的途径。

高校学生要想保证身心健康发展，需要经常性地进行身体活动。在室外进行体育锻炼，视野广阔，内容丰富多彩，能较好地满足不同年龄和性别、不同兴趣爱好、不同基础水平学生的要求，对于发展学生的个性，提高锻炼的积极性、自主性和创造性，养成锻炼身体的良好习惯，有着极为重要的作用。在室外进行体育锻炼可充分利用自然力因素，如日光、空气、水、气温等，能有效改善学生身体各器官系统的功能，提高身体的基本活动能力和运动能力，以及对客观环境的适应能力，取得动态平衡，有利于促进健康，增强体质。

（七）卫生保健设施因素

卫生保健设施是保证人类健康极为重要的因素。初级卫生保健包括健康教育、供给符合营养要求的食品、供给安全用水和基本环境卫生设施、妇幼保健和计划生育工作、开展预防接种、预防常见疾病、采取适用的治疗方法、提供基本药物八个方面。

为了促进人类的健康，世界各有关组织以健康问题为目标，制定了有关促进健康的制度，如1979年的《消除对妇女一切形式歧视公约》；1990年的《伊诺森蒂宣言》；1992年的《里约环境与发展宣言》；1992年12月罗马的《世界营养宣言》和《世界营养行动计划》。我国也和世界卫生组织的其他成员国一样，积极响应《世界营养宣言》，不断提高中国人民的营养水平。

长期以来，我国都尽可能根据国情改善社会的卫生保健设施，促进人民健康。中华人民共和国成立之初，开展了群众性爱国卫生运动，在全民中普及卫生知识，提出了“动员起来，讲究卫生，减少疾病，提高健康水平”等口号，在以预防为主方针的指引下，控制了四大寄生虫疾病，各种传染病发病率大幅度下降。新时代，我国政府还公布了《中华人民共和国食品安全法（2021年修订）》，以进一步加强食品安全工作，建立健全食品安全标准管理制度，切实维护人民群众的健康。

第二节　高校学生体能发展的特点

一、高校学生体能训练发展的综合性

人的体能发展水平是由其身体形态、身体机能及运动素质的发展情况所决定的，构成体能的各因素既相对独立，又密切联系，彼此制约、相互影响，其中一个因素的水平，会影响体能整体的水平。

身体的全面发展是增强体质、增进健康的根本，对于高校学生而言，其体能是各自身体做功能力的综合，主要包括运动能力、感知能力、思维能力、分析能力、判断能力、身体形态和身体机能等。所以，高校学生体能训练发展具有综合性的特点。

在学校的体能训练中，学生既可以学会体能锻炼的方法，又可以感受到体能锻炼带给其自身健康的好处。强健的体魄、敏捷的思维和运动中、运动后的快感，这些都将体能发展推向了更高的层次。

此外，这种体能训练发展的综合性特点，还表现在其承担着育人责任，即寓教育于身体活动之中。因此，针对不同的发展阶段，以及学生身体、思维的发育

发展水平，在提高学生各项运动素质的同时，通过知识的传授、训练的组织、技术的学习等，有所侧重地开发学生的智力和创造力，对培养学生形成吃苦耐劳、坚韧不拔的意志品质和竞争意识具有十分重要的意义。同时，为了培养学生形成对体育的兴趣，养成参加体育活动的习惯，以实现“终身体育”的目标，在进行体能训练的过程中，还要根据学生的情况，在兴趣、动机、运动技能、锻炼知识和训练项目选择等方面有目的地加以培养，从而使学生对参加体育活动产生良好的动机、浓厚的兴趣，能自己独立或协同别人进行体育锻炼。

二、高校学生体能训练发展的渐进性

人体运动能力的发展与学校教育任务的要求密切相关，特别是体能训练发展一定要遵循人的认识规律以及身体发育、发展的规律，做到有快有慢，有先有后，循序渐进，不断提高，切忌强求，更不可盲目追求训练效果和训练成绩。与此同时，还要将体能训练发展与科学监测有机地结合起来，从体能训练发展的安排上要求体能的发展无论是从训练的内容、训练量、训练强度、训练的要求，还是技术理论学习等方面，都要按照由简到繁，由易到难，由已知到未知逐渐深入。特别是作为在不同阶段所运用的同一训练手段，不能只做简单的重复，而是应根据高校学生的具体情况在训练时提出更高的要求，从而达到不断提高的目的。

三、高校学生体能训练发展的特殊性

高校体能训练的发展是以学生为主要对象的，由于学生具有个体差异性，因而具有其自身的特殊性。这就要求在开展学校体能教育时，必须根据学生生长发育的规律以及心理发育的特点，有针对性地选择训练的内容、手段、形式以及负荷等，实现增进学生健康、增强学生体质、促进学生身体生长发育的目的，实现全面发展的目标。

一般来说，男子骨骼肌肉发育较快，身高增长快，结束晚，大约在 20 岁左右身高增长停滞；女子身高增长较慢，结束较早，大约在 17 岁时身高增长趋向停滞。在安排体能训练时，就应男女有区别地加以对待。这一时期的学生，其思维水平处于抽象逻辑思维阶段，并且思维的辩证和批判性正进一步发展，但自我控制能力较差，情感强烈、丰富并且容易冲动，个性倾向还不稳定。因此，体能训练不但要讲究方法，强调效果，更要有一定的耐心，达到逐步引导、趋向稳定的目的。大学生的身体发育基本完成，心肺功能基本完善，生殖系统成熟，运动器官系统表现为稳定发展。这一时期的体能训练只有在一定训练强度和训练量的刺激下才会有明显的效果。但是，由于地区差异、个体差异、性别差异以及运动素质的发展具有明显的不均衡性，因此，在大学阶段的体能训练，应根据学生的个人情况来选择运动项目，并逐步提高训练量和加大训练强度。

大学阶段是人的个性形成的关键时期，大学生的自我意识较为强烈，情感极为丰富，性意识增强，智力水平较高，已经具备了参与社会交往和社会活动的能力。因此，提高其对体能训练的认识是保持锻炼习惯、提高训练层次的关键。

四、高校学生体能训练发展的不均衡性

由于遗传因素和后天环境因素的影响，高校学生体能训练的发展具有明显的个体不均衡性。由于学生的智力水平不同，体质状况和运动能力的差异，高校体能训练应面向全体学生，引导每一个学生从不同的起点，以不同的速度实现掌握技能、增强体质、发展体能、培养意志品质和开发智力的目标。为此，体能发展的方法、要求以及训练负荷等都要区别对待，尤其是对特殊学生，如体弱学生、残疾学生等，更要注重个别对待，以使所有学生都能得到相应的体能发展。从某种意义上来说，区别对待原则在高校体能训练中至关重要。

第三节　高校学生体能发展的原则及要求

一、高校学生体能发展的原则

（一）健康性原则

通过科学的方法和手段发展高校学生的体能是增进学生健康的重要途径。由于“体能”这一概念源于运动训练，而运动训练的体能发展是为了挖掘人体的潜能，提高运动成绩，这与学校体能发展无论在目的上还是方法上都有很大的不同。如果盲目地追求运动负荷以片面追求各项运动素质的提高，不仅不利于增进学生健康，而且会妨碍学生的正常发育生长和带来不必要的损伤，乃至影响终身。为此，高校学生的体能训练应做到以下几点。

①在学生进行体能训练的过程中，应始终以“健康第一”思想为指导，树立以学生身心全面发展为最高价值追求的正确健康观。

②“健康”的内涵相当丰富，它不仅具有生物学特征，而且也受到人体精神、心理和社会等因素的影响，所以学生进行体能训练不仅要增强体质，传授体育知识、技术、技能，更重要的是要培养学生的创新精神和体育实践能力。

③心理健康是现代健康观的重要组成部分，体能训练要贯彻“健康第一”的思想，就必须重视学生的心理健康。在体能训练的过程中，高校学生心理素质的培养主要通过情感调控的方式进行。

④根据体能训练的健康性原则，高校体育教师要关心学生的锻炼情绪和身体状况，十分注意锻炼中的安全防护和日常中的自我保护，尽最大可能防止伤害事故的发生。

（二）“刺激—适应”原则

高校学生在体能训练中承受一定的练习负荷刺激后，机体必然会产生相应的练习效应。但并不是只要施加了负荷，就一定会产生良好的练习效应，只有适宜的负荷才能使机体的应激以及随之产生的一系列变化保持在一个适度的范围内。通常情况下，负荷过小，不能引起机体必要的应激反应，得不到良好的练习效应；而过度负荷，则会出现不良反应。所以，只有遵循“刺激—适应”原则，通过循序渐进地增加运动负荷，才会快速提高学生的体能。

练习负荷是练习对机体的刺激量度，适应是体能发展过程中的现象。机体对练习所给予的负荷经历了不适应—逐渐适应—增大负荷—又不适应—逐渐适应的过程，反映了人体承受相应负荷能力的变化。体能就是在由不平衡到平衡，再由不平衡到平衡的过程中逐步提高的。学生的健康是在体能不断提高的过程中逐步实现的。这与只要有适度的运动，就会有利于身体健康的中老年人是不同的。

因此，高校学生的体能是在逐步提高人体承受相应练习负荷能力的过程中发展的。但是要注意的是，练习负荷的增加要符合学生的实际情况，宁慢勿快，而且学生体能训练负荷的增加，主要是负荷量的增加，负荷强度是随学生体能提高而自然加大的。

（三）计划性和系统性原则

高校学生体能的发展离不开运动训练，没有多年有计划地、系统科学地练习，学生的体能训练就不可能取得良好的效果。其原因主要有以下几点。

一是体能发展具有时间局限性特点，即某一种体能水平只能保持相应的时间，如不再给予新的负荷刺激，将会逐渐消退。所以，学生的体能训练必须多年地持续进行，否则只能徘徊在较低的水平。

二是根据体能训练的“刺激—适应”原则，机体只有持续承受适宜的练习负荷，练习负荷才能逐步递增，承受练习负荷的能力才能增强，体能才会提高。间断地、不系统地练习，是不会有良好效果的。

三是无目的、无计划地发展体能，不仅容易引发伤害事故，破坏了体能发展的循序渐进，而且也不利于知识的传授、技能的掌握和学生兴趣的培养。因此，体能训练必须尊重学生身体心理发育过程的规律，有计划、系统地进行。

（四）与身体的生长发育相一致原则

从小学到大学，高校学生跨越了人体生长发育的全过程，体能发展应与身体生长发育同步进行。因此，高校学生在进行体能训练时，一定要遵循与身体的生长发育相一致的原则。具体而言，应做到以下两点。

1. 体能训练的方法应有差异

除通常采用的讲解法、示范法、比赛法、分解完整法等方法外，随着年龄的增长，应更多地传授给学生如何进行体能训练的方法，由学生自己组织进行，以调动学生的练习兴趣和积极性。

2. 体能训练的要求和评价标准不应相同

体能的发展不是孤立存在的，身体素质的提高不是唯一目的，体能训练的结果必须是能够促进学生身体的自然成长、增强体质与健康。“拔苗助长”，一味地追求素质指标以及采用不利于学生身体生长发育的方法与手段都是不可取的。

（五）与学生学习、掌握技术动作相结合原则

技术动作又称运动技术，是完成体育动作的方法。通常情况下，高校学生参加不同体育项目的活动时，需要完成不同的动作，即需要学习和掌握不同的技术。合理、正确的技术动作能够防止运动损伤，而且在学习和掌握技术动作的过程中，学生可以提高观察分析能力，增强灵活性、协调性。

在体能发展过程中，学习和掌握技术动作是必须经历的过程，一切体育活动都包括一定技术动作在内，即使简单的一项素质练习，也同样具有技术因素。

随着年龄的增长、知识的增加和求知欲的增强，学生已不满足于一般概念的“玩”，而对那些通过努力可以掌握的技术动作产生兴趣，对于熟练掌握技术动作后所产生的练习效果会有一种成功感，对教会同伴做动作会产生满足感，对在比赛中所取得的成功也会产生胜利的喜悦，这些都能激发学生参加体育活动的动机和兴趣，从而为选择个人喜爱的体育项目和树立终身体育思想打下良好的基础。

由于技术动作的掌握受到身体形态、身体素质、感知觉能力、理解能力和学生心理等因素的制约，所以，学习和掌握技术动作一定要由易到难、由简单到复杂，循序渐进，从最简单的入手，不断增加技术动作的储备数量，促进新的条件反射的建立，以更多地掌握新的技术动作。一般来说，高校学生在学习和掌握竞技体育项目的技术动作时会有较大的困难，因此可以考虑简化规则，降低难度，使学生能够做到相似即可，不必过分强调技术动作的细节和效果。

此外，在学习和掌握技术动作的过程中，还应注意改进教学方法，使之更符合学生的实际情况；对不同情况的群体提出不同的动作要求；重视安全保护措施。

二、高校学生体能发展的要求

首先，学生体能发展要体现个性化特点，一方面要根据学生的个体差异加以区别对待，鼓励学生发挥自身的特长和优势。另一方面要满足学生个体的特殊需要，即考虑其所学专业和未来所从事职业的需要，创编具有针对性的训练内容、训练方法和训练手段，帮助学生提高未来职业所需要的体能和运动素质。

其次，注重激发学生的体育动机，切实培养学生的体育意识，帮助学生树立终身体育思想，保持参加体能锻炼的主动性，养成良好的体育习惯，为毕业后能在长期的工作、学习、生活中坚持参加体能锻炼创造条件。

最后，在大学阶段既要发展学生的体能，又要教会学生掌握体能锻炼的一些方法与手段，如锻炼原理、动作要领、练习方法、损伤处理以及注意事项等，使学生终身受益。

第三章　高校学生体能训练的科学基础

本章主要对高校学生体能训练的科学基础进行介绍，主要从以下四个方面展开阐述，分别是高校学生体能训练的生理学基础、高校学生体能训练的心理学基础、高校学生体能训练的生物化学基础、高校学生体能训练的营养学基础。

第一节　高校学生体能训练的生理学基础

一、体能训练的生理学原理分析

高校学生体能训练中包括很多生理学原理，其中，主要包括适宜负荷原理、区别对待原理、身体全面发展原理和技能掌握可逆性原理。

（一）适宜负荷原理

适宜负荷原理指的是在进行体育锻炼的过程中，锻炼者在基本适应了某种负荷刺激后会适当增大运动负荷，并超过原有负荷，这样才能得到良好的锻炼效果，而超出原有负荷的新负荷就称作“超负荷”，因此适宜负荷原理也叫作“超负荷原理”。

生理学的超量恢复规律和强度法则是适宜负荷原理的生理学基础。根据超量恢复规律可知，在生理范围之内，人体肌肉的活动量与其消耗的过程成正比，肌肉活动量越大，消耗过程就越激烈，那么随后的超量恢复过程也会越明显。在此基础上，机体的各器官系统的机能水平得到提高，体质也会明显增强。而在生理范围内，人所受刺激的强度越大，其生理反应就会越明显，那么其适应负荷的速度也就越快。在体能训练中往往会采用比日常体力负荷更大的“超负荷”，它属于生理适应范围内较大的负荷，通常会使身体机能产生良好的生理适应。

总体来说，由于机体对于新增的负荷都需要一定的反应和适应期，而且有一个恢复的过程，因此体能训练要逐步、非连续性、周期性地增加负荷量，要等机体基本适应这一负荷之后再增加新的负荷。

（二）区别对待原理

区别对待原理指的是在进行体育锻炼的过程中，要根据不同锻炼者之间的区别和特点，选择合理的练习内容、方法与手段，通过科学的运动负荷练习来做到区别对待，最终取得良好的锻炼效果。

从生理学角度来说，运动刺激就是人在进行体育锻炼的过程中身体所承受的负荷，它会使人产生血压升高、心率加快、需氧量增大等内在生理应激反应。由于生物机体本身存在个体差异，不同的锻炼者在承受相同的运动负荷时也会产生不同的生理应激反应，进而也会获得不同的锻炼效果。因此，在对高校学生进行体能锻炼时必须重视学生的性别、年龄、体质以及身体健康状况等各种特征，并根据这些特征对体能练习的内容与方法进行科学合理的选择和安排，同时要根据学生个体的实际情况来安排运动负荷，这样可以使其生理负荷处于个体生理适应范围之内，有利于保证锻炼的安全性与实效性。

（三）身体全面发展原理

身体全面发展原理指的是在进行体能训练时，通过运用各种练习的方法、内容及手段，使人体各器官系统的机能水平得到提高，进而使人的身体素质、心理素质和运动能力等得到提高。

人体作为一个高度发展的有机体，体内各器官系统的功能并不相同，它们既相互联系又相互制约，如果其中一个器官系统的功能有所增强或者减弱，就会影响到其他器官系统的功能。不过，运动项目或练习手段不同，对身体所产生的影响和效果也会有所不同，而且会有侧重。举例来说，速度训练有利于增强锻炼者腿部的爆发力，但是其对上肢力量的提升效果就不明显；耐力训练可以有效提高机体的有氧能力，但是不能增强机体的力量；等等。所以，在进行体能训练时，要尽可能使练习的内容、方法与手段等全面且多样，尽量使身体的各器官系统都可以得到一定的训练，从而使人体得到全面的发展与提高。

（四）技能掌握可逆性原理

所谓可逆性原理，指的是在进行体育锻炼的过程中，人体各器官系统的机能水平得到提高，但如果锻炼中断，各器官系统的机能水平就会下降。生物学中的

“用进退废”原理和条件反射规律是该原理的生物学基础。根据研究可知，经过10周的肌肉力量训练，肌肉力量会显著增强。如果此时停止肌肉训练，那么在30周之后，原来增强的肌肉力量将会彻底消退。经过运动实践可知，即使是已经掌握的运动技能，如果长时间不进行练习就会渐渐生疏，最后甚至不能完成该技能动作，这就是所谓的条件反射的消退。因此，要想避免锻炼效果的消退，就要提前制订锻炼计划，保证经常性、持续性的锻炼，这样才能不断提高机体的运动能力。

二、不同体能素质训练的生理学因素

高校体能训练主要包括力量、速度、耐力、灵敏和柔韧素质训练，下面分别对这五个方面素质训练的生理学原理进行阐述。

（一）力量素质训练的生理学因素

1．肌肉力量的表现形式

肌肉力量简称肌力，指的是机体肌肉在收缩时通过肌紧张来对抗和克服阻力的能力。肌肉力量的表现形式与肌肉的三种收缩形式有关，这三种收缩形式分别为等速收缩、等张收缩和等长收缩。具体来说，肌肉在其活动范围内按照固定的速度进行最大的收缩称作等速收缩；若是肌肉收缩时其长度变短而产生的张力保持不变，那么这种肌肉收缩方式为等张收缩；若是肌肉收缩时长度不变且产生的张力与外部阻力相等，那么这种肌肉收缩方式为等长收缩。在等速收缩、等张收缩和等长收缩这三种肌肉收缩的条件下，肌肉对抗和克服阻力的能力也分别被称作等速肌力、等张肌力和等长肌力，这三种肌力是评价肌肉收缩功能的重要生理学指标。

2．肌肉的特性

肌肉特性分为物理特性和生理特性两种。肌肉的物理特性主要有伸展性、弹性和黏滞性。其中伸展性指的是在负重、牵拉等外力作用下，肌肉能够被拉伸的特性；弹性指的是当取消外力作用后，肌肉可以恢复至原来状态的特性；黏滞性指的是因为肌肉内各个分子间的相互摩擦而产生的特性。根据上述内容可知，肌肉并非完全的弹性体，而是一个黏弹性体。这具体表现为，当肌肉的负重不断增大，其伸长的程度反而不断减轻，当取消外力作用后，肌肉也并非立即恢复原来的长度，这种现象产生的原因就是肌肉黏滞性产生了内阻力。

肌肉的生理特性指的是肌肉的兴奋性与收缩性。通常来说，肌肉在刺激作用下会产生兴奋的特性，这种特性就是兴奋性；而肌肉兴奋后所产生的收缩反应的特性就是收缩性。肌肉的这两种生理特性各不相同又紧密联系，肌肉兴奋一定会引起肌肉收缩，先是肌肉兴奋，后是肌肉收缩。

3. 影响肌肉力量的生理学因素

（1）肌肉初长度

肌力的大小与肌肉在收缩前的初长度有着紧密的关系。在一定的范围内，肌肉初长度越长，肌肉收缩时缩短的程度越大，肌肉所产生的张力也就越大。这一方面是由于肌肉本身在受到快速牵拉时会产生弹性回缩，另一方面则是因为拉长肌肉时，肌梭会感知肌纤维长度发生变化而产生冲动，通过牵张反射机制使肌纤维的回缩力提高，以此来抵抗拉力。

（2）最大肌肉横断面积

最大肌肉横断面积指的是将某块肌肉所有肌纤维横切后所得到的横断面面积。横断面积的大小取决于肌纤维的粗细和数量，一般用平方厘米表示。在以最大用力进行肌肉收缩时，人体每平方厘米横断面积的肌肉能够产生 3～8 千克的肌力。一般条件下，肌肉的最大横断面积与肌肉力量基本上成正比例关系，肌肉的最大横断面面积越大，肌肉力量就越大。

（3）肌纤维类型

在体能训练的研究中，骨骼肌纤维通常分为快肌纤维与慢肌纤维两大类。与慢肌纤维相比，快肌纤维能够产生的收缩力更大。人体四肢肌肉的快肌纤维和慢肌纤维百分比的构成是基本相等的，但是遗传因素和后天因素会使两者百分比的构成发生一定的变化。研究发现，在力量训练的影响下，快肌纤维与慢肌纤维的横断面面积与收缩力量都会增加，不过快肌纤维比慢肌纤维增加的速度更快。因此，快肌纤维力量训练的适应性会更好一些。

（4）神经因素

影响肌肉力量的神经因素主要包括以下三个方面的内容。

中枢驱动。中枢驱动指的是人体中枢神经系统动员肌纤维参与收缩的能力，其作用主要体现在运动神经元在支配肌肉时的放电频率及其同步化的情况。并非所有肌肉中的肌纤维在进行最大用力收缩时都可以同时参与收缩，事实上，动员参与活动的肌纤维的数量越多，肌肉收缩时产生的力就越大。训练水平较高的人能够动员肌肉中 90% 以上的肌纤维同时参与收缩，而训练水平较低的人则只能动员 60% 的肌纤维同时参与收缩。

中枢神经系统兴奋状态。当中枢神经系统的兴奋性提高时，人体会大量释放肾上腺素、乙酰胆碱等生理活性物质，它们对人体肌肉力量有着重要的影响。人之所以会在过度激动或者遭遇紧急危险的情况下发挥出极大的力量，正是因为人在情绪极度兴奋的情况下会分泌大量的肾上腺素。这会大大提高肌肉的应激性，同时中枢神经系统会快速动员“储备力量”，从而使运动单位成倍地同步动员并开展工作。此外，在力量训练的早期，肌肉力量虽然有所增加，但肌肉体积并没有明显的增加，而在力量训练的后期，肌肉力量的增加在很大程度上受到肌肉体积的影响。这表明，在人体力量训练的早期和后期，人体的适应机制是不同的。

神经中枢对肌肉工作的协调和控制。不同的神经中枢支配着人体不同的肌肉群，即使是最简单的动作也需要调动人体的多块肌肉才能实现。因此，要想使肌肉群在运动时能够协调一致，并发挥出最大的收缩力量，就必须使不同神经中枢之间的协调关系不断得到改善，提高主动肌和固定肌、对抗肌、协同肌之间的协调能力。

（5）激素作用

激素对肌肉力量起着很大的作用，人体内雄性激素能够促进体内蛋白质的合成，使肌肉体积增大，其中男子主要通过肾上腺皮质与睾丸分泌雄性激素，女子则通过肾上腺皮质与卵巢分泌少量的雄性激素。因此，不同年龄、性别的人，其体内分泌的雄性激素的数量不同，他们的肌肉力量大小也不相同。除了雄性激素之外，生长激素、甲状腺素、胰岛素等也是促进肌力发展与肌肉生长的重要因素。例如，生长激素主要可以增加肌肉中结缔组织蛋白质的数量，甲状腺素对肌纤维具有重要的调节作用，等等。

（6）性别

如果用绝对肌力的大小来表示肌肉力量，女子的上肢肌力比男子的上肢肌力要低大约 50%，女子的下肢肌力则比男子的下肢肌力低大约 30%；如果用相对值来表示肌肉力量，则男子与女子的肌力是没有明显区别的，平均都是 3～8 千克／平方厘米。根据上文提到的肌肉的最大横断面积与肌肉力量基本上呈正比例关系，我们可以推测出肌肉力量绝对值的性别差异主要取决于肌肉生理横断面积。

（二）速度素质训练的生理学因素

1. 影响反应速度的生理学因素

（1）中枢神经系统的兴奋状态

当运动员的中枢神经系统处于正常的兴奋状态时，其反应速度就比较快；与之相反，运动员由于过度疲劳或者没有休息好，这会对中枢神经系统造成不好的影响，在这种条件下其反应速度会明显变慢。

（2）反射活动的复杂程度

反应时间指的是运动员接受刺激和做出肌肉动作之间的应答时间，通常也称作反应潜伏期，是决定反应速度快慢的重要基础。反应潜伏期需要经历五个过程：部分感觉器官受到刺激而激动；兴奋沿着传入神经到达中枢神经；当兴奋传入大脑中枢神经之后，大脑中枢会根据以往的经验对其进行分析，刺激方式越复杂，分析所花费的时间就越长；把中枢神经产生的冲动沿着传出神经传到相应的肌肉群；肌肉会按照刺激的特点与要求做出相应的反应。在这个过程中总会存在时间延迟，其中延迟时间最长的是处于大脑皮层时。由此可知，感受器的敏感度、中枢信息加工时间以及效应器的兴奋性对反应潜伏期的长短起到了决定性的作用，其中最重要的就是中枢信息加工时间。反射活动的复杂程度越高，中枢信息加工所需的时间就越长，最终造成反应速度越慢。此外，遗传因素、刺激信号的强度以及注意力的集中程度等都会对反应潜伏期产生影响。

2. 影响动作速度、移动速度的生理学因素

（1）身体形态

高校学生的速度素质与其身体形态有着紧密联系。当其他条件一定时，学生上肢、下肢的长度与该部位的运动速度成正相关关系。人体四肢是绕着关节轴转动的，效应部位（手或脚）距离轴心越远，运动速度就越大。

（2）肌纤维类型的百分比构成

人体肌肉中快肌纤维所占的百分比越高，人体的快速运动能力就越强。与耐力性项目运动员的快肌纤维百分比相比，速度性项目运动员的快肌纤维百分比明显更大。

（3）中枢神经系统的功能特征

中枢神经系统活动的高度协调，有利于抑制对抗肌的消极影响，从而在快速运动时可以迅速调动所有必要的肌肉协作参与活动，并发挥出最快的速度。根据

运动生理学研究可知，运动技能的熟练度越高，神经肌肉之间的协调性以及神经过程的灵活性就越好，动作速度与移动速度也就越快。

（4）肌肉力量

人体加速度是由肌肉力量引起的，力量越大，加速度就越大，人体运动速度也就越快。人体的加速度与其质量是成反比的，因此，要想最大限度地提高人体的加速度，就要侧重于提高人体的相对力量。因为相对力量越大，人在运动时肌肉就越容易克服来自内部、外部的阻力，这样才有利于肌肉的快速收缩。

（三）耐力素质训练的生理学因素

1. 影响有氧耐力的生理学因素

（1）骨骼肌的氧利用能力

肌肉组织能够从毛细血管的血液中摄取和利用氧，肌肉组织的这种能力主要与肌纤维的类型及其有氧代谢能力有关。部分优秀的耐力性项目运动员肌肉中的慢肌纤维百分比很高，毛细血管分布密度大，有氧氧化酶的活性高，因此这些运动员摄取和利用氧的能力就比较强。影响有氧耐力的中心机制是心排血量，而决定有氧耐力的外周机制是肌纤维类型的百分比结构及其有氧代谢能力。此外，无氧可以在某种程度上对运动时骨骼肌的氧利用能力进行整体反映，无氧阈阈值越高，肌肉的最大氧利用能力就越强。例如，优秀的耐力性运动员的无氧阈能够达到 80% 以上的最大吸氧量，而普通人通常只能达到大约 65% 的最大吸氧量。

（2）神经系统的调节能力

耐力素质训练可以改善神经系统的调节功能，使神经系统活动能够满足耐力运动的需要，这是耐力性项目运动员可以长期进行运动的生理学原因之一。为了使肌肉保持收缩与舒张的良好节奏，以及内脏器官与运动器官活动相协调，耐力性项目运动员的神经系统需要具有长时间保持兴奋与抑制节律性转换以及内脏中枢与运动中枢协调活动的能力。

（3）氧运输系统的功能水平

氧运输系统是决定有氧耐力水平的核心要素，它包括呼吸、血液、循环三部分，其主要功能是完成氧气、营养物质以及代谢产物的运输。血液的载氧能力与心脏的泵血功能决定了氧运输系统的功能水平，也就是最大氧运输能力。其中，血液的载氧能力主要与血红蛋白含量的高低有关，血红蛋白的含量越高，与血液结合的氧气也就越多。一名普通成年男子的血红蛋白含量约为 15 克 /100 毫升血液，而一名优秀的耐力性项目运动员的血红蛋含量通常可以达到16克/100毫升血液，且其血液的载氧量也比普通人高。心脏的泵血功能主要体现在最大心排血量，最大心排血量越大，单位时间内外周肌肉组织可以获得的血流量就越多，氧气的输出量也就越大。与非耐力性项目运动员相比，优秀的耐力性项目运动员往往拥有更大的心室腔容积、更厚的心室壁和更高的心脏每搏输出量。此外，优秀的耐力性项目运动员的心肌收缩力也比一般人要大，其射血速度很快，运动时的心率能够达到每分钟200次，且每搏输出量也没有减少。

2.影响无氧耐力的生理学因素

（1）神经系统对酸性物质的耐受能力

处于血液与肌肉中的缓冲物质可以适当缓解酸性物质在人体内的迅速积累，但是它并不能阻止血液与肌肉的pH值朝着酸性方向发展。一般情况下，当人体处于安静状态时，人体血液的pH值平均是7.4；而当人体进行剧烈运动时，血液的pH值可能会下降至7.0左右。影响无氧耐力的重要因素之一就是神经系统对运动肌的驱动以及对不同肌群活动的协调，而大量酸性物质会对神经系统的上述功能产生影响，进而也会对运动过程中运动单位的激活以及中枢控制的协调性产生影响。

（2）对酸性物质的缓冲能力

肌肉在进行糖酵解时会产生乳酸，其在肌细胞内会大量积累，还会扩散至血液中，从而使肌肉、血液中的酸性物质增加，这会对人体与细胞内环境的理化性质造成干扰。因为人体肌肉与血液中都存在由弱酸和盐（弱酸与强碱反应生成）按一定比例组成的混合液，这种混合液是可以中和上述酸性物质的缓冲物质的，其通过对酸、碱物质的中和而使人体肌肉与血液中的pH值保持相对恒定的状况。因此，常常进行无氧耐力训练有利于提高机体的耐酸能力，进而提高人体的无氧耐力水平。

（3）糖酵解酶活性与肌纤维类型百分比

肌糖原的无氧酵解是无氧耐力的主要能源。研究发现，参与不同代谢性质运动项目的运动员，他们体内的糖酵解酶活性与肌纤维类型百分比构成都明显体现出其从事运动项目的特点，这表明糖酵解酶活性与肌纤维类型百分比构成对无氧耐力起着重要作用。

（四）影响灵敏素质的生理学因素

影响运动员灵敏素质的生理学因素比较多，主要包含以下三个方面。

1. 性别、体型和疲劳程度

灵敏素质与人的性别密切相关。在儿童时期，男女之间的灵敏素质基本上是没有区别的；进入青春期后，男性的灵敏素质开始逐渐优于女性，在青春期之后，男性的优势更为明显。女性在进入青春期之后，体重会开始增加，随着其有氧能力降低以及内分泌系统发生变化，其灵敏素质会在一定时期内出现较为明显的生理下降趋势。

灵敏素质与人的体形也有一定的关系。通常体型高且瘦长的人，其灵敏性会略差；O 形腿和 X 形腿的人，其灵敏性也会比较差。

灵敏素质与人的疲劳程度有着很大的关联性。人在疲劳的情况下经常会出现动作反应迟缓、速度变慢、动作不协调和灵敏性明显降低等状况。

2. 人体感觉器官的功能

人体感觉器官可以为中枢神经系统提供人体内外环境变化的信息，人体感觉器官的这种功能对灵敏性的好坏发挥着非常重要的作用。根据研究可知，高校大学生的感觉器官不仅具有良好的敏感性，还具有一定的运动项目特征。例如，参与体操项目的大学生通常具有良好的本体感觉与位觉，而参与乒乓球项目的大学生一般具有精确定位能力与较好的速度判断能力。

3. 大脑皮层的综合分析能力

在空间和时间紧密结合的情况下，大脑皮层的综合分析能力较强。在大脑皮层综合分析能力高度发展的情况下，高度的灵敏素质就可以体现出来。所以，大学生在学习每一个动作的时候都要按照一定的顺序，大脑皮层会概括动作的难易程度，并将得到的刺激按照一定的顺序反映出来，经过多次重复之后就可以形成熟练的动作。通过对各种动作进行大量的练习，使运动技能变得熟练，然后再在变化的环境中完成这些动作，从而不断加强大脑皮层兴奋与抑制的转换能力，进而使大脑皮层神经过程的灵活性得到提高。只有这样，才能在任何环境或条件下熟练地表现出这些动作。

人体完成各种动作都会使肌肉产生收缩，肌肉的肌梭将产生的兴奋传入神经中枢，通过神经中枢的综合分析活动可以使人感知到身体所在空间的位置、姿势和身体各部位的运动情况。同时，这种感知会与视觉、触觉、位觉和内感受器相互作用，从而获得空间方位感觉。大脑皮层可以随着环境变化调节肌肉的紧张，但这要建立在肌肉感觉与空间方位感觉的基础上，只有满足上述条件才能完成各种协调、准确的动作。

（五）影响柔韧素质的生理学因素

对柔韧素质产生影响的生理学因素主要包括以下四个方面。

1. 年龄

一般来说，10 岁是人体柔韧性发展的一个分水岭，10 岁之前人体柔韧性可以自然发展，10 岁之后随着年龄的不断增长，人体柔韧性的增长速度就会相对降低。10～13 岁是人的性成熟前期，这个阶段人体骨的弹性增强，肌肉韧带的伸展性与弹性都有较大的可塑性。因此，这个阶段应该多进行柔韧训练，提高肌肉韧带的伸展性，使人体各个关节幅度达到最大解剖限度，这不仅有利于提高各个关节的柔韧性，还有利于促进青春期身高的增长。如果在 10 岁之前没有使柔韧性得到发展，那么 10～13 岁这个阶段将是发展柔韧性的一个很好的弥补期，在这个时期进行柔韧素质训练，能够得到应有的柔韧效果。如果超过了这个年龄，锻炼者想要提高身体的柔韧性就要经历很大的痛苦，不仅需要花费较长的时间，而且收效比较慢还容易受伤。13～15 岁是人的成长期，这个阶段骨骼的生长速度比肌肉的生长速度要快，人体的柔韧性降低。因此，这个阶段要重视身体发育的匀称性，多进行全身性的伸展练习，使已经获得的柔韧素质得到巩固。需要注意的是，柔韧性练习要适度，避免拉伤。青少年时期人体的柔韧性有所下降，但在 16～20 岁这个年龄段，身体发育已趋于成熟，可以适当加大柔韧训练的负荷与难度。

2. 性别

从生理解剖特征来看，男性的肌纤维长，伸缩度较大，75% 的肌纤维都是强而有力的，肌纤维横断面积也要大于女性；女性的肌纤维是细长的，伸展性较好，对关节活动的限制较小，全身只有 50% 左右的肌纤维是强而有力的。所以，女性关节的灵活性一般比男性要好。

3. 心理紧张程度

心理过于紧张会造成中枢神经功能从兴奋转向抑制，这会对身体各部位的协调能力产生影响，进而会影响身体的柔韧性。

4. 中枢神经系统的兴奋性

中枢神经系统的兴奋性对人体肌肉和韧带组织的弹性起到了决定性作用，肌肉的弹性在中枢神经系统的影响下会发生明显的变化，这会对身体的柔韧性产生影响。

第二节　高校学生体能训练的心理学基础

体能训练与其心理因素有着一定的关系，如教育心理学、体育心理学等都是体能训练的重要理论基础。学习与了解体能训练的心理学理论对于大学生科学合理地参加体能训练具有重要的意义。

一、教育心理学

教育心理学属于心理学的一个分支，其主要对教育者及受教育者在教育过程中的心理活动、心理现象以及心理变化规律进行研究。教育心理学的学科目标主要是了解教育、促进教育发展。运动员长期参加运动训练，难免会出现一定的心理问题，而学习与掌握教育心理学的基本理论对于运动员参加运动训练具有重要的指导意义。

教育心理学是介于教育学与心理学之间的一门学科。19 世纪末 20 世纪初它成为一门独立的学科，其独立性主要表现为该学科的理论基础、研究技术以及研究方法都相对独立。教育心理学之所以能够发展成一门独立学科，与近代西方教育学家基于心理学研究成果而构建教学理论有关，这是一个非常重要的前提条件。促进教育心理学发展的理论研究成果有《心理学教科书》《普通教育学》等，这是德国心理学家赫尔巴特（Herbart）的著名作品。虽然“教育心理学”一词在近代还未被明确使用，但教育学与心理学已经成了一个统一体，二者不可分制。教学可分为两种类型，一种是教育的教学，主要指培养受教育者的道德品质、意志品质以及性格；另一种是非教育的教学，主要侧重于智育，即向受教育者传授知识和技能。需要注意的是，不管是哪种类型的教学，心理学都是其重要的理论基础，对人的各项活动的开展起着非常重要的作用。

对于受教育者而言，兴趣可以说是一种重要的心理状态，这一心理状态对受教育者的注意力定向具有重要的引导作用，能够使其在教育教学中保持良好的情绪与精神状态。如今，兴趣对个体的重要性越来越受到重视，人参加一项活动，是否对这项活动感兴趣直接影响最后的活动效果。人们甚至将“能否成功激发学生的学习兴趣”作为判断教师教学能力的一个重要指标。“激发兴趣”是教育心理学的重要开端，运动员参加体能训练，要想获得理想的训练效果，也是建立在一定的兴趣基础之上的，只有如此，运动员才能以积极饱满的热情投入训练之中，从而获得理想的训练效果。

二、体育心理学

动机是心理学中的重要术语和因素，动机在个体活动中起着极为重要的支配作用。人们参加某种活动，直接受到动机这一心理因素的影响。个体参与某项活动可能出于很多原因，其中动机是非常重要的一个心理原因，它对个体行为的激励效果非常显著。正确的动机能够推动个体积极学习，在运动员的运动训练中，动机也是尤为重要的，起着重要的作用。

运动员参加各种各样的训练活动，是各种学习动机共同发挥激励作用的结果。一般来说，动机主要分为两种，一种是直接动机，另一种是间接动机。

第一，直接动机与体育活动本身有着十分密切的联系，个体对体育活动感兴趣，这是其参与体育活动直接的动力因素，没有功利性。比如，学生喜欢舞蹈，出于这一强烈的兴趣，学生便会在舞蹈课上认真学练。第二，间接动机具有一定的目的性，它的产生与个体的意志有密切的关系，同时与社会需要有一定的关系。比如，学生参与舞蹈健身活动，可能是为了增强体质，可能是为了减脂塑形，也可能是为了交友，这些动机的推动性要比其单纯对舞蹈感兴趣这一动机强一些。相对来说，直接动机具有表面性，间接动机具有根本性，间接动机与直接动机相比，更能激发学生学习，使学生的学习积极性保持得久一些。因此，对于运动员参加运动训练而言，要善于将训练的直接动机转化为间接动机，让运动员真正理解运动训练的意义所在，这样才有利于获得理想的训练效果。

三、体能训练与各心理要素的关系

（一）体能训练与运动动机

根据心理学理论，动机可以说是驱使个体进行活动的心理动因或内部动力。在动机的激发和影响下，人们能产生各种各样的行为，树立良好的动机是十分重要的。在良好的动机的刺激下，人们的活动能向着正确的方向发展，能充分满足人们的需求，实现既定的目标。因此，运动员要想顺利地参加体能训练，获得理想的训练效果，树立正确的运动动机是十分重要的。

1. 影响动机的因素

一般来说，影响动机的因素有很多，其中主要包括内部与外部两个方面。参加体能训练的运动员一定要认清这两方面的因素。

（1）内部条件

内部条件是人们产生动机的一个重要方面，人的内部条件主要指的是人的“需求”，它是个体由于缺乏某种事物而引发的多种不适感。在这样的情况下，人们能激发强烈的行为。运动员参加体能训练也需要内部动机的激发。

（2）外部条件

外部条件主要指的是人们接受的各种外部环境的刺激，这些刺激会对人的各种活动产生重要的影响。在外部环境的刺激和影响下，人们能产生不同的动机。因此，营造良好的环境条件对于运动员参加运动训练具有重要的意义。

2. 动机的分类

（1）以需求性质为依据

①生物性动机。这一种动机是人类和动物所共同拥有的，如人困了就要睡觉、饿了就要吃饭等就属于这一种动机。直接性是这一动机的基本特点。

②社会性动机。人是处于社会中的人，有着很强的社会属性，这是人与动物的重要区别。社会性动机主要指的是满足人的社会需要。

（2）以兴趣特点为依据

①直接动机。直接动机是指那些以直接兴趣为基础且指向活动过程本身的动机。如一个人对某一项运动怀有浓厚的兴趣，在这一兴趣的引领下，就能够积极地参加这一项运动，从中获得满足感。这就属于直接动机，直接性是这一动机的最大特点。

②间接动机。间接动机是指那些以兴趣导向为基础且指向活动的结果的动机。人们参加某一项运动，或许并不仅仅是喜欢这一项运动，而是喜欢这项运动带给自己的额外属性，如受到他人的认可和崇拜等。这就属于间接动机。

（3）以情感体验为依据

①缺乏性动机。缺乏性动机是以将危险、威胁、缺乏等需要予以排除为特征的动机。在不良的心理情绪下，人们往往会出现这一动机。出现这一动机时，通常会带来不良的后果。而当人们实现某种目标后，这一动机就会慢慢消失。

②丰富性动机。顾名思义，丰富性动机的内容是非常丰富的，如享乐、满足、

成就感等是在这一动机下产生的。这一动机是与缺乏性动机相反的，在这一动机的驱使下，人们会不断地去追求心理上的满足感和成就感，能有效提高学习与锻炼的积极性。为提高学生学习的效果，树立丰富性动机是非常有必要的。

（4）以动机来源为依据

①内部动机。在内部动机的指引下，人们往往能够实现自己的目标、完成既定的任务，从而获得成就感和满足感。如人们参加篮球运动，就获得了一定的满足感和愉悦感。激发内部动机对于学生的发展而言十分重要。

②外部动机。在外部动机的指引下，人们参加某些活动也能受到一定的激励和影响。顾名思义，这一动机主要源于其他事物，来自外部的动员力量。在外部动机的影响下，人们也能促使自身取得进步。

3. 动机的作用

动机对人的作用是非常大的，一般来说主要体现在以下三个方面。

（1）始发作用

通过各种动机的影响，运动员参加各种形式的体能训练活动，从而增强自身体质，提高运动水平，这就是动机的始发作用。

（2）指向或选择作用

不同动机会有不同的影响，如人们参加某一项运动或基于健身的需要或基于娱乐的需要，这就是不同的动机。因此，动机具有一定的指向或选择作用。

（3）强化作用

强化也是动机的一个重要作用。要想保持积极的态度，就需要参与动机保持在较高水平。动机强度越高，运动员参加运动训练的意愿就越强烈。因此，激发与强化正确的训练动机是非常重要的。

（二）体能训练与情绪

在心理学研究中，情绪是非常重要的内容之一。一般情况下，人们在不同情绪状态下处理事务通常会收到不同的效果。一个心理健全的人，其情绪一般是相对稳定的，不易受外界环境变化的影响，即使有影响也不会变得不能自制，总是相对稳定和协调的。实际上，人们参加任何活动都会带有一定的情绪，尤其是在遇到困难和挫折时，情绪会产生较大的波动，这都是正常的。出现一段时间的情绪波动后，心理健康的人会在短期内恢复正常，而心理不健康的人很可能会陷入困难与挫折之中，长时间难以自拔。一个人面对困难与挫折时，自身对情绪的调节能力是展现其心理健康水平的标志。

运动员在良好的情绪下参加体能训练，通常能获得不错的训练效果，这就是情绪在发挥作用。如果是带着良好的情绪参与体育运动锻炼，则会起到为体育运动锻炼“增力”的效果，运动员在锻炼中会表现出高昂和积极的精神状态；反之，运动员参与锻炼的态度就是消极的，难以获得理想的训练效果。由此可见，体能训练与情绪之间有着极为密切的关系。

（三）体能训练与意志

意志是指支持个体自觉地明确目标、支配行动、克服困难、实现目标的心理过程。对于拥有良好的意志品质的运动员而言，他们参与运动训练的积极性一般都非常高，其自觉性和持久性一般也相对较高，这就是意志的作用与意义所在。

如果运动员具有良好的意志品质，在参与体能训练的过程中就会有清晰的目标，能正确认识体能训练的目的，做出合理的行为，提高自觉参与训练的积极性，促进运动水平的提高。

四、体能训练的心理过程表现

运动员参加体能训练都有一个心理过程，这一心理过程包含诸多要素，通过对运动的心理过程进行分析，能准确把握运动员的心理变化情况，从而为运动训练计划的调整提供真实可靠的依据。

（一）体能训练中的思维过程

思维指的是事物的本质属性和内部规律性在人脑中的反映。通常情况下，人们如果具有良好的敏捷性和灵活性，就说明具有良好的思维。

大量的研究与实践表明，人的思维与运动之间有着极为密切的关系。这主要体现在以下两个方面。

一方面，经常参加体能训练，人体素质不仅能够得到有效的提高，而且对于运动员思维能力的提升具有重要的推动作用。

另一方面，良好的思维有助于运动员更好地理解运动原理与规律，从而较快地掌握技术动作，获得理想的运动效果。

（二）体能训练中的记忆过程

记忆对于一个人的发展而言至关重要，在运动员的体能训练中，记忆扮演着十分重要的角色。没有记忆，人体就无法进行各种活动。因此加强记忆这一心理要素与运动训练的研究非常重要。

在运动员的日常训练中，运动记忆是其中一种重要的形式。运动记忆与人体肌肉活动之间有着极为密切的关系。另外，在人的记忆过程中存在运动表象这一重要的因素。通常情况下，运动表象分为内部表象与外部表象两种类型，内部表象主要指的是肌肉运动表象，而外部表象则主要是指视觉表象。这两种类型的运动表象都与人的记忆有密切的关系。

（三）体能训练中的情感过程

情感指的是人对客观事物的不同心理体验，这一心理体验主要有积极和消极之分。当客观事物能满足自己的需要时，就会产生积极的情感；当客观事物不能满足自己的需要时，便会产生消极情感。积极情感与消极情感是人对事物的不同心理反应，在某种情况下，这两种心理反应是可以相互转化的。

运动员经常参加体能训练，在一定应激的刺激下，机体会做出非常迅速的反应，在此条件下就会引起相应的行动反应。运动员的不同情感状态会对其体能训练或比赛产生非常重要的影响。在良好的情绪状态下，运动员会以积极饱满的热情投入体能训练中，而在消极的情绪状态下，其参加体能训练的积极性就不会很高，也就难以获得理想的训练效果。

（四）体能训练中的意志过程

意志指的是人们为了实现确定的目标而支配自己的行为，并在运动时自觉克服困难的心理过程。意志对于运动员能否顺利地完成训练和比赛具有重要的意义。

运动员在参加运动训练的过程中，一切行为活动都受一定意志的支配。在能量消耗较大的情况下，运动员需要集中注意力，克服各种困难。如果不具备良好的意志品质，是难以克服这些困难的。可以说，坚强的意志品质在运动中发挥着极为重要的作用，是不可替代的一种心理品质。因此，为获得理想的训练效果，运动员必须克服种种困难，充分发挥自身的积极能动性，培养坚强的意志品质，克服种种困难，不断提高运动水平。

第三节　高校学生体能训练的生物化学基础

一、能量代谢

机体通过物质代谢，从外界摄取营养物质，同时经过体内分解吸收将其中蕴藏的化学能释放出来，并转化为组织和细胞可以利用的能量，人体利用这些能量来维持生命活动。通常将在物质代谢过程中所伴随的能量的释放、转移、储存和利用称为能量代谢。能量代谢系统主要由无氧代谢系统、有氧代谢系统、磷酸盐系统三大供能系统构成。

二、体能恢复

运动训练的目的主要有两点：一是对机体施以刺激，使之产生疲劳，随之产生恢复与超量恢复，从而达到提高体能的目的；二是运动训练可以提高能量代谢的能力，使其达到高于训练前的水平。以下主要从超量恢复、训练中间歇的安排、训练后休息的安排三个方面阐述体能恢复。

（一）超量恢复

在进行运动训练时，体内以能源物质的分解和能量的消耗为主，以恢复过程为辅。因此，在运动训练过程中，消耗大于恢复，其主要表现在，运动训练时间越长，体内能源物质数量越少。当停止运动进入恢复期后，能源物质则从以消耗为主转为以恢复为主。这时，利用科学合理的膳食补充手段，体内的能源物质的数量逐渐恢复到运动前的水平，甚至超出运动前的水平。将这种在运动中消耗的能源物质，在运动后恢复到并超过运动前的水平的现象称为超量恢复。

在一定范围内，运动刺激的强度越大，超量恢复的程度也越大。在很大程度上，超量恢复具有一些不稳定因素。因此，想要保持更好的超量恢复水平，一定要反复进行超量恢复，进行较好的巩固，否则就会下降，严重者还会低于原有水平。

超量恢复阐明了运动时能源物质的状况及其恢复过程的特点，符合超量恢复的能源物质包括肌糖原、ATP、CP 及蛋白质等。要注意，不同能源物质在运动时的消耗速率和恢复时间是不同的，而不同强度和持续时间的运动对消耗能源物质的要求也不同。因此，在确定运动训练间歇时间、强度和负荷时，应该以其对能源物质的要求和消耗及恢复规律为前提制订合理的运动训练计划。

（二）训练中间歇的安排

体能恢复的效果在很大程度上受训练中间歇时间长短的影响，这对机体运动能力的提升也起着非常重要的作用。因此，要科学合理地安排运动训练中的间歇。在以发展速度、爆发力为目的的训练中，10 秒全力运动间的间歇时间不要低于 30 秒，以 60～90 秒为宜，以保证磷酸原物质的数量有 50% 以上的恢复。重复几次后，可进行一次 2～3 分钟的休息。30 秒以内的全力运动的休息间歇应不少于 60 秒。1 分钟全力运动的休息间歇应为 4～5 分钟。这样的间歇安排，主要是考虑既可以在一定程度上恢复，消除一定的乳酸等代谢产物，又不影响训练时间的紧凑性。

（三）训练后休息的安排

在运动训练结束后，科学、合理的休息在很大程度上影响运动员体能恢复的效果。要合理安排训练后的休息时间，否则会影响训练效果和水平的提高。因此，在进行运动训练时，一定要合理安排训练后的休息时间。

在运动训练结束后，为了尽快消除体内的乳酸，可采取积极休息的手段。所谓积极休息就是在训练结束后，不要完全静止不动，而是进行低强度的运动，如慢跑等放松性运动，来加快新陈代谢。如果训练时间过长，则应考虑肌糖原的恢复。在大强度重复多次的间歇运动训练后，肌糖原在 5～24 小时内可恢复，并且不受食物中含糖量的影响；但如果进行持续的大强度运动训练，肌糖原的恢复时间就需要 48 小时以上，而且还需要配合膳食中的糖补充才能实现。否则，5 天以后肌糖原尚不能恢复到运动前的正常水平。一般情况下，补充糖的数量以 600 克为宜，同时，还要补充蛋白质。

第四节　高校学生体能训练的营养学基础

机体在参与运动的过程中，物质代谢和能量消耗会逐渐增加，激素分泌与酶活性会发生一定程度的变化，导致酸性代谢产物堆积。运动所引发的这些生理生化变化导致机体对营养物质需要的改变。合理的膳食营养，对于消除运动员的疲劳具有重要的作用，并对运动员良好机能状态的保持具有重要的意义，同时对运动员的伤病有一定的预防作用。当营养过剩或不足时，都会对运动员的身体健康产生影响，并导致运动员运动能力的下降。

一、运动与碳水化合物

对绝大多数人来说，膳食中的碳水化合物是主要的能量来源。

（一）碳水化合物在运动过程中的供能特点

ATP 是运动中最直接的能量来源。但是，体内 ATP 的储存量很少，只可以维持几秒钟，它需要不断进行合成。糖是剧烈运动中 ATP 进行再合成的主要物质，以糖原的形式储存在肌肉和肝脏之中，在无氧和有氧的情况下都可以分解成 ATP 来供给机体。糖在有氧氧化时耗氧量少，体液的酸度不发生变化，是机体首先选择的基本供能物质。糖通过无氧酵解可生成 2 个分子 ATP，反应最终产物为乳酸。对血乳酸进行测定能够反映出运动员在运动强度、训练水平、疲劳程度等方面的状况。

（二）运动中的糖储备

体内糖储备是影响运动员耐久力的重要因素。体内糖储备包括肌糖原、肝糖原和血糖三种：肌糖原的浓度按 0.5%～1% 计算，全身共约 250 克；肝糖原的平均浓度为 5%（2%～8%），全身肝糖原共 75～90 克；血糖以 0.1% 计算，全身共 5～6 克。长跑、长距离游泳、滑冰、越野滑雪、马拉松等运动项目，可耗尽运动员的糖储备。糖储备耗尽后，首先影响中枢神经系统，因为脑细胞几乎没有糖储备，需要不断地从血糖中获得营养。脑细胞对低血糖极为敏感，低血糖时会发生头晕、无力和眼前发黑等症状，重者甚至发生低血糖性的昏迷，对运动能力，特别是耐久力有严重的影响。膳食中碳水化合物比例高，对糖原的合成以及糖储备的增加很有帮助。

（三）运动员膳食中糖的适当比例

运动员膳食中碳水化合物的摄入量应占总能量的 55%～65%，其中耐力性运动项目可以达到 70%。调查显示，运动员碳水化合物摄入较低而脂肪摄入较高的现象普遍存在。其主要原因在于，运动员膳食中动物性食品所占比例过高，而碳水化合物的食物摄入过少。在生活中，可以在餐中或者餐外适当增加一些纯碳水化合物食品，同时减少一定程度的高脂肪、高蛋白质动物性食品的摄入。

（四）运动与补糖

补糖主要包括运动前、运动中和运动后补糖。运动前补糖能够增加肌糖原和肝糖原储备，同时能够增加血糖的来源。运动过程中补糖能够提高血糖水平，减少肌糖原的消耗，使耐力时间得以延长。运动后补糖能够有效地促进肌糖原合成，同时有助于疲劳的恢复。运动后补糖时间越早，肌糖原合成的速率就越快。这是由于运动后骨骼肌糖原合成酶含量增加，活性增大，而随着时间的推移，酶含量和活性都会不断下降。

补糖的方法有很多。运动前补糖分为两种，一是在大运动负荷训练或者比赛前几天，将膳食中碳水化合物占总能量的比增加到 60%～70%（或 10 克／千克体重）；二是在运动前 14 小时补糖 1～5 克／千克体重，固体糖和液体糖都可以，但运动前 1 小时最好选择液体糖进行补充。

运动中补糖一般采用的是液体糖，需要遵循少量多次的原则，每 30～60 分钟进行一次，一般情况下补糖量不低于 60 克／小时。

运动后补糖遵循的原则是补糖进行得越早越好。最好在运动后立即或头 2 个小时以及每隔 12 小时进行补糖，补糖量为 0.75～1 克／（千克体重 · 小时），24 小时内补糖总量为 9～12 克／千克体重。

一般来说，补糖的选择有很多。其中，葡萄糖吸收速度快，同时有助于肌糖原的合成；而果糖相对于葡萄糖来说吸收较慢，它主要参与肝糖原的合成，促使胰岛素分泌的作用较小，但使用量过多容易导致肠胃不适，因此使用量不应该超过 35 克／升，同时要与葡萄糖一起使用。低聚糖一般由 3～8 个单糖组成，吸收速度慢于单糖和双糖，能够延长耐力性运动中糖的供应时间。纯淀粉或淀粉类食品吸收消化的速度比较慢，缓慢释放于血液之中，不会导致血糖瞬间升高，有助于耐力性运动中不断供能。

二、运动与脂肪

脂肪是人体运动的主要能源之一。脂肪组织中的储备脂肪和餐后进入循环的脂肪都可以成为肌肉细胞潜在的能量供应来源。脂肪的发热量高、体积小，胃肠道的负担量小，而且脂肪在胃中停留的时间较长，对抗饥饿有良好的作用。它符合运动员食物浓缩的要求，对于一些运动时间较长的项目和冬季项目，如长距离游泳、滑冰、滑雪等，具有延长饱腹感和供给能源的作用。脂肪供能的优点主要有以下三点。

①脂肪不溶于水，在体内储存时也不需要结合水，而糖以糖原储存时，1克糖需结合2.7克水，因此相同重量的脂肪，在能量储存效能上要比糖高约9倍。脂肪是浓缩的高热能食物，可缩小食物的体积与重量，减轻胃肠负担，这对进行长时间激烈运动，每天消耗的能量很大而又暂时不能正常进食的运动员来说，意义重大，而且脂肪分子中含氢元素较多，可以产生较多的代谢水。在缺水情况下，显然十分重要。

②脂肪能提高耐力。人的肌肉静止时氧化脂肪与糖类，一般情况下85%左右的能量来源是氧化从动脉血中来的自由脂肪酸，15%是氧化从静脉血中来的葡萄糖。在轻微活动或较为激烈、时间较长的运动中脂肪都是主要能源，在马拉松跑的后半程，脂肪供能可占90%左右。

③脂肪具有饱腹感。脂肪能增加菜肴的滋味，促进人的食欲，延长食物在胃中停留的时间，具有饱腹感。此外，还能保护蔬菜等食物中的维生素等免于与氧接触而氧化。对于能量消耗大、机体散热快、持续时间长的运动项目，如游泳、冰雪运动等，在运动员的饮食中可适当增加脂肪含量。但在运动员的膳食中，脂肪的比例一般还是要比正常人少一些，因为高脂肪会减少人体对蛋白质及铁的吸收，也会使血液流动滞缓，影响体内氧的供给，并使血中丙酮酸及乳酸增加，引起酸中毒现象，对运动员极为不利。

三、运动与蛋白质

在运动中供能比例最小的是蛋白质，其在运动中供能的比例主要由运动的类型、强度、持续时间及体内肌糖原的状况决定。

在运动情况下，机体蛋白质的合成和分解代谢加快，如运动器官肥大、酶活性提高、激素调节过程活跃等。在加大训练强度时，运动员尿中氮和硫的排出量显著增加，并可出现负氮平衡，血红蛋白、血清蛋白质的含量下降，血中非蛋白氮的含量增多等改变。有些项目如摔跤、足球等在运动中可能发生外伤，在高温条件下剧烈运动时皮肤出汗还会丢失大量的氮。蛋白质营养可补充运动的消耗，促进肌肉、血液等蛋白质的合成和组织修复。国外资料报道，蛋白质营养有助于增加运动员神经系统的兴奋性，加强神经反射活动，提高激素效应，因此运动员的食物中蛋白质的摄入量应比一般人高。但也有人认为蛋白质营养对肌肉的合成无显著的作用，运动时随着热能总摄入量的增加，蛋白质的摄入量自然增加，因此不必额外增加运动员的蛋白质营养。运动员的蛋白质摄入量不宜过多，因为蛋白质食物的特殊动力作用强，过多的蛋白质会提高代谢率，并增加水分的需要量，尤其在控制水分的情况下，蛋白质过多，会使机体失水，增加肝脏和肾脏的负担以及产生过多的酸性代谢产物，对运动不利。另外，蛋白质氧化时，耗氧较多，这对运动时的机体也不利。

四、运动与微量营养素

（一）运动与维生素

运动引起物质和能量代谢加快，导致维生素的消耗量增加。同时，运动会引起胃肠道吸收维生素的功能下降，从而使机体对维生素的需要量和供给量增加。所以，运动员维生素的推荐摄入量要比普通人高，并且不同项目的运动员维生素的摄入量也有所不同。

1. 维生素 A

维生素 A 是形成视网膜细胞中视素质的原料，具有保护角膜上皮的作用。如果缺乏维生素 A，视素质的合成则受到影响，引起暗适应能力降低及夜盲症、干眼等眼疾。因此，食物中含有充足的维生素 A，对参加射击、射箭、击剑、滑翔、球类等项目的运动员尤其重要。另外维生素 A 缺乏时，可出现肾上腺皮质萎缩和性机能紊乱，因此维生素 A 与机体的机能有关。击剑、射击、射箭、滑翔、乒乓球等项目的运动员维生素 A 的需要量比一般项目高。

2. 维生素 E

维生素 E 的生理功能是维持细胞膜的正常脂质结构，人体如果长期缺乏维生素 E，可发生巨幼细胞贫血，影响胶原代谢及某些分解代谢酶系统的活力。维生素 E 能增强人体对缺氧的抵抗力，减少组织和细胞对氧的需要量，充分扩张毛细血管，改善侧支循环，维持肌肉的结构和功能，使肌肉力量提高，能增强运动员的耐力。研究指出，运动员在高原或在低氧低压环境下进行训练，补充维生素 E 能够使最大摄氧量得到提高，氧债和血乳酸得到减少。我国推荐的运动员膳食维生素 E 摄入量为每天 30 毫克，对于在高原环境下训练，则增加到每天 30～50 毫克。

3. 维生素 B1

维生素 B1 是糖代谢环节中丙酮酸氧化所必需的辅酶，维生素 B1 与乙酰胆碱的合成与分解有关，对神经肌肉的正常传导起重要作用。维生素 B1 缺乏时，运动后易堆积丙酮酸及乳酸，容易使机体疲劳，并可引起乳酸脱氢酶和乙二醛酶的活力降低，从而影响心脏的功能。

运动员由于活动量大，易出汗，会丢失维生素 B1，从而使维生素 B1 的需要量增加。而食物中维生素 B1 充足，可促进肌肉中磷酸肌酸和糖原的合成，加速运动后血液乳酸和丙酮酸的消除，提高耐久力。

4. 维生素 B2

维生素 B2 参与能量代谢，在有氧运动和无氧运动中都有重要的作用。缺乏维生素 B2 可引起肌肉无力，运动耐久力受到损害，容易出现疲劳症状。我国推荐运动员维生素 B2 的适宜摄入量为每天 2.0～2.5 毫克。

5. 维生素 C

运动使机体的维生素 C 代谢加快，短时间运动后血液中维生素 C 的含量升高，但长时间负荷后下降。维生素是生物氧化过程中的重要递氢体，它能加快机体氧化还原的速度，使体内得到更多的能量来维持运动，从而提高运动员的运动能力与耐力，并能缓解疲劳，在运动后还能加速疲劳的消除。维生素 C 还能促进人体组织中胶原的形成，促进创伤愈合及骨折愈合，提高机体的抵抗力。维生素 C 还可促进叶酸的形成，阻止维生素 B 缺乏，并能与维生素 D 共同维持血管正常脆性和通透性。人体缺乏维生素 C 时，白细胞的吞噬功能下降。因此，运动员在过度训练时，血液中维生素 C 的含量和白细胞吞噬功能都会降低。

我国推荐的运动员膳食维生素 C 的摄入量在训练期为每天 140 毫克，比赛期为每天 200 毫克。而进行极限或次极限强度运动时，每消耗 1000 千卡（1 千卡等于 4186 焦耳）能量，需要供给 22～25 毫克的维生素 C；在进行长时间中等强度的运动的情况下，运动时间超过 2 小时以上，每消耗 1000 千卡能量，需供给 30 毫克维生素 C。

（二）运动与矿物质

运动能够使矿物质的代谢与需要量产生变化。大量出汗会造成矿物质不同程度的丢失，这是运动机体与普通人在矿物质代谢上最大的不同。

1．钠

在高温环境下进行大强度运动时，会通过汗液丢失大量的氯化钠。运动员一般表现为轻度的钠缺乏，可能会出现肌肉无力、食欲减退以及消化不良等症状。钠缺乏严重者可能会有恶心、呕吐、头痛、腹痛、腿痛、肌肉抽搐等表现。钠不足或缺乏都会对运动能力产生一定的消极影响。

2．钾

钾是维持心脏正常功能必需的元素之一，它除了维持心脏的正常活动外，对于维持肌肉的正常功能也起很大作用。钾在人体中很容易失去。在进行大运动量训练时，运动员体内的钾可通过汗液大量排出。在运动后的恢复阶段，尤其在糖原合成阶段，需要补充钾。运动员钾的推荐摄入量是每天 3～4 克，饮用含钾盐的运动饮料能够实现有效补钾。

3．钙

钙是人体内含量最多的一种元素，对人体具有重要的生理意义。

体内绝大部分钙都存在于骨、牙之中，溶于血中的仅占体内钙总量的 1%，但它的功能十分重要。它能和镁、钾、钠协同，调节神经肌肉的兴奋性，保持心肌的正常功能，严重缺钙会引起肌肉痉挛。同时钙还参加凝血过程。与钾、钠等相比，钙的吸收速度较慢，甚至在最适宜的条件下每天能吸收的总量也是有限的。

夏天天气炎热，运动员进行大运动量训练时，由于从汗中排出大量的钙，会影响肌肉的正常收缩功能，而发生肌肉痉挛情况，也就是俗话所说的抽筋现象。因此运动员摄入钙的量要多于普通人。

4．镁

骨骼和肌肉中含有一定量的镁。镁离子不仅有助于维持神经肌肉的兴奋性，同时还是体内多种酶的激活剂。运动时也会造成镁的丢失，如果缺镁，情绪容易激动，肌肉容易出现痉挛。镁在膳食中分布广泛，而且需要量不高，所以一般情况下不会缺乏，只是可能出现在剧烈运动大量出汗后或不合理减体重后。

5．铁

铁在能量代谢中发挥重要作用。血红蛋白和肌红蛋白的形成必须有铁参与，它们是血液和肌肉中氧的载体。铁是几种酶的组成成分，包括过氧化氢酶、过氧化物酶及琥珀酸脱氢酶。铁在细胞呼吸、光合作用和金属蛋白的催化反应中发挥着重要作用，并参与促进肝脏的药物代谢。换句话说，由于它可输送氧至细胞并促进细胞对氧的利用，因此，铁对于能量代谢是必需的。

铁营养与运动员的氧代谢和耐久力有密切的关系。运动员多易发生缺铁性贫血，可能与铁的摄入量不足有关。此外，运动会导致铁代谢的加快。铁吸收受到影响的同时，铁的排出也增多。女运动员铁储备的情况不如男运动员，而且缺铁性贫血的发生率也较男运动员高。

6. 锌

锌与体内200多种酶的活性密切相关，与雄性激素的合成也有关联。运动员锌的推荐摄入量与铁大致相当，为每天20毫克。如果进行大运动负荷训练或在高温环境下训练，每天需要摄入25毫克锌。

7. 硒

硒作为谷胱甘肽过氧化物酶的辅助因子而发挥抗氧化物的作用。因此，硒可以说是一种抗氧化剂，适宜的硒水平可减少运动期间的氧化应激损伤并有助于恢复，使运动员可连续接受高强度训练。硒在膳食中分布也很广泛，运动员缺硒的情况几乎没有，硒的推荐摄入量为每天50～150微克。

第四章　高校学生体能训练之力量训练

本章主要对高校学生体能训练之力量训练进行介绍，主要从以下两个方面展开阐述，分别是高校学生力量训练概述、高校学生力量训练的方法。通过对力量训练进行基本的阐述以期为高校力量训练提供一定的理论基础。

第一节　高校学生力量训练概述

一、力量与力量训练

（一）力量的分类

根据不同项目对力量素质的要求，以及力量表现的形式，可以将力量分为多种类型。根据肌肉收缩的形式，可以将力量划分为静力性力量和动力性力量；根据力量与体重的关系，可以将力量分为绝对力量和相对力量；根据力量表现的形式，又可以将力量分为最大力量、速度力量和力量耐力。

1.静力性力量

静力性力量是指肌肉收缩时完成某些静止不动的用力动作，或在整个动作中肢体不产生明显位移的力量，又称为等长力量。例如，平板支撑等所表现出来的力量就属于静力性力量。

2.动力性力量

动力性力量是指肌肉收缩或拉长时，使身体或身体某一部分产生位移或推动别的物体产生运动的力量，又称为等张力量。

3.绝对力量

绝对力量指不考虑运动员的体重因素，人体或人体某部分用最大力量所能克服最大阻力的能力。

4. 相对力量

每千克体重所表现出来的力量称为相对力量，它主要反映运动员的绝对力量与体重之间的关系。

5. 最大力量

最大力量是指运动员以最大肌肉力量强力收缩，对抗一种刚好能够克服的阻力时所发挥的最高力值。

6. 速度力量

速度力量也称快速力量，是指运动员在特定的负荷条件下所表现出来的最大动作速度。速度力量最典型的表现形式是爆发力，它是指在尽可能短的时间内，以最大加速度克服一定阻力的能力。爆发力是由最大力量与最大速度相结合组成的。在投掷、拳击、举重、摔跤等众多项目中，爆发力具有极为重要的作用。另外，起动力和反应力（包括弹跳反应力和击打反应力）也是速度力量的组成部分。

7. 力量耐力

力量耐力是指运动员在克服一定外部阻力时，能坚持尽可能长的时间或重复尽可能多的次数的能力。

（二）力量训练的相关概念

力量训练也称抗阻训练、重量训练，是人体神经肌肉系统提高克服外部阻力能力的过程。但从定义上，三个名称之间又存在区别，力量训练和抗阻训练的范畴更加广泛，包括自重训练、弹力训练和超等长训练（增强式训练）等。而重量训练主要是自由重量训练或器械训练。

1. 次

次指完成某个练习动作。通常包括两个阶段，即离心收缩部分和向心收缩部分。

2. 组

组指连续完成数次练习重复。

3. 最大重复次数

最大重复次数（RM）是指在正确的动作技术的前提下，完成某个练习动作重复做的最大数值。最大重复次数会在某一组练习内达到力竭性疲劳。最大重复次数为1时，即最大力量。10RM表示在某一阻力条件下，最多能够完成10次。

4. 次数训练区

次数训练区通常指上下幅度三次的练习强度。在训练区内，既可以达到接近疲劳的状态，如5RM完成三次；也可以达到暂时力竭。可以说，次数训练区提供了一种“有余地”的力量训练方式。

5. 功率

功率指做功的速率。在力量训练中，功率是单位时间内重量与垂直距离的乘积。

二、力量训练中的力学特征与肌肉工作形式

（一）力量训练中的力学特征

根据牛顿第二运动定律，力（F）等于质量（m）乘以加速度（a）即，$F=ma$。由此可见，力量的增加可以通过改变质量或加速度两个因素中的任何一个而获得。

运动员发力的大小与其发力的速度之间保持着一种负相关；同样，在运动员发出的力与其发力时持续的时间之间也存在着一种负相关。也就是说，一种因素得到加强的同时，另一种因素相应受到削弱。因此，速度和时间都直接影响力量的效果。

（二）力量训练中的肌肉工作形式

肌肉工作包括两种基本收缩形式，即静力性工作和动力性工作。其中动力性工作又包括向心克制性工作、离心退让性工作和等动性工作。

1. 静力性工作

静力性工作又称为等长工作或等长收缩，是肌肉在对抗固定阻力时的收缩形式。静力性等长工作时，肌肉张力发生变化，但其长度基本不变，在整个动作过程中，肢体不产生明显位移。静力性练习能够动员更多的肌纤维参与工作，能够有效地发展最大力量和静力性耐力。

2. 动力性工作

（1）向心克制性工作

向心克制性工作是力量训练的主要形式。肌肉在做向心克制性工作时，其长度逐渐缩短，随着肢体关节角度的变化，肌肉的长度在缩短的过程中张力也发生变化。例如，负重深蹲的起立动作、卧推的上推动作、引体向上的动作都属于向心克制性工作。

（2）离心退让性工作

进行离心退让性工作时，肌肉被拉长，如负重伸肘关节、负重慢速下蹲、推举放下杠铃的动作等，这时阻力是在运动过程中起作用的力。实验证明，肌肉做离心收缩时所产生的张力，比同一肌肉做向心收缩时所产生的张力大40%。离心退让训练是重要的力量训练方法。

（3）等动性工作

“等动”就是“恒速”的意思。即利用等动练习器进行训练，在整个关节活动范围内，肌肉始终以某种张力进行收缩，而收缩速度始终恒定。

三、力量训练的适应特征

力量训练产生的适应分短时适应和长期适应两种。

力量训练初期，肌肉力量明显提高的主要原因是运动单位激活程度的提高，中枢神经系统与外周神经系统也会发生相应变化，有助于更好地激活运动单位、满足肌肉用力和快速完成动作的需要。

肌纤维增粗引起的肌肉体积增大往往在力量训练后的8～12周才会显现出来。长期力量训练适应既包括增肌反应，也包含神经适应。此外，力量训练会引起细胞层面上的各种适应，包括无氧代谢酶活性的提高、能源物质储备的增加（如糖原和磷酸原水平）、肌原纤维蛋白含量的增加（肌球蛋白和肌动蛋白含量的增加）和非收缩蛋白含量的增加等。

力量训练还会改善其他系统，如内分泌系统、免疫系统和心肺系统的功能，从而促进神经－肌肉系统发生适应性变化。这些适应性变化均是为了让神经－肌肉系统在训练或运动时力量更大、速度更快、功率更高。

（一）力量训练的短时适应

短时适应是在力量训练过程中及训练结束一段时间内出现的神经－肌肉系统的变化。短时变化的累积会逐渐引起长期适应。短时适应主要集中在神经系统、运动系统和内分泌系统。

1. 神经系统

肌肉力量的产生受运动单位募集与编码速率两个因素影响，且两个因素互相作用。运动单位募集指肌肉收缩完成任务时，更多运动单位参与活动的动员过程。编码速率指运动单位的射频（单位时间内动作电位的数量控制）。在一定范围内，编码速率越高，则肌肉产生的力越大。小体积的肌肉主要通过射频控制决定肌力大小，而大体积肌肉则更多依靠募集运动单位数量来提高肌力。

运动单位募集遵循体积原则。由于支配慢运动单位的神经元体积小，因此，小体积运动单位募集的阈值比较低。肌力较小时，慢运动单位首先被激活募集。相比之下，大体积运动单位中的神经元体积大，用来支配快肌纤维，因此募集阈值高，肌力大。

为了募集到高激活阈值（快肌纤维）的运动单位，肌肉收缩程度或力度要非常高。运动单位的募集遵守体积原则，与肌肉用力程度直接相关。即便在慢速收缩情况下（或等长收缩时），只要肌肉用力程度大，就会募集到快肌纤维。

2．运动系统

在进行力量训练时，肌肉内的 CP 含量下降说明力量训练主要依赖磷酸原供能系统。在高强度运动中，CP 是二磷酸腺苷（ADP）转化为 ATP 的重要物质。此外，高强度力量训练会导致糖原水平下降。因此，力量训练前应摄入充足的碳水化合物来减缓糖原水平的降低。

3．内分泌系统

激素对肌肉组织的生长或退变发挥作用。合成激素，如睾酮、生长素和胰岛素会刺激组织生长。分解激素，如皮质醇作用于组织降解，帮助维持血糖等指标的动态平衡。激素水平会因力量训练刺激而受到影响。有些激素的变化是用来促进运动代谢的。例如，运动会引起儿茶酚胺浓度的变化。儿茶酚胺可以促进脂肪和碳水化合物分子分解，可以为肌肉收缩提供更多的能量。

力量训练能提高男性睾酮和生长素浓度。这些激素会刺激骨骼肌蛋白合成。可以说，这些激素对肌肉体积增加发挥重要作用。力量训练引起的激素变化与训练内容及形式关系密切。大运动量、短间歇的力量训练所引起的内分泌反应要比小运动量、长间歇的力量训练效果明显。大肌肉群力量训练引起的激素变化程度要高于小肌肉群力量训练。性别、年龄也是激素变化的影响因素。一般来说，男性合成激素水平短时变化的程度较女性高，老年人合成激素水平变化的程度要低于年轻人。

（二）力量训练的长期适应

长期适应是长时间运动训练引起身体结构和功能上的慢性变化。力量训练引起的长期适应变化是多方面的。

1．神经

力量训练会增强高阈值运动单位募集的能力，从而提高肌肉力量，这种变化与增肌关系不大。力量训练还可以增加最大运动单位射频，这种变化同样与增肌关系不大。

除了在运动单位募集和神经冲动方面的变化外，力量训练会引起运动神经元兴奋度的变化及运动单位同步化水平的提高。研究发现，某一关节角度的等长力量训练对该关节角度力量水平的提高程度要明显高于其他角度。

2. 肌肉变化

在进行力量训练后，肌肉最明显的变化就是增肌，即肌肉体积增加（肌肉横断面积增加）。力量训练会引起 I 型和 II 型肌纤维横断面积的增加。不过 II 型肌纤维增肌现象要比 I 型肌纤维明显，停止训练后 II 型肌纤维萎缩的现象较 I 型肌纤维也更明显。力量训练使肌肉横断面积增加的主要原因是肌肉中肌原纤维体积和数量的增加。肌肉横断面积增加，伴随着肌球蛋白丝和肌动蛋白丝数量的增加，会提高肌肉力量和爆发力。

力量训练后的增肌现象说明肌肉蛋白合成大于蛋白分解。力量训练会引起明显的肌肉蛋白合成增加。研究表明，当加入以离心为主的力量训练后会引起更为明显的增肌反应。因此，离心收缩会更容易引发延迟性肌肉酸痛和肌肉损伤。

3. 肌腱与韧带组织变化

随着力量训练时间的增加，肌腱与韧带组织也会产生适应性变化。力量训练对肌腱与韧带组织产生的短期影响表现在胶原蛋白转运及胶原蛋白的生成量增加方面，从而产生适应性变化。力量训练会改变肌腱力学特征，如肌腱硬度（在负荷作用下，单位肌腱长度变化产生的力）在 12 周高强度伸膝训练后有了显著提高，力量训练可以引起肌腱横断面积增加。

4. 代谢变化

长期进行力量训练会引起细胞层面的一系列变化，从而影响骨骼肌的代谢能力。力量训练主要影响无氧代谢系统，无氧代谢酶或底物会出现适应性变化。以磷酸原供能系统为例，有研究发现，力量训练会导致 ATP 和 CP 浓度增加。对糖酵解供能系统来说，力量训练后与糖酵解过程有关的酶（磷酸果糖激酶和乳酸脱氢酶）的浓度均会上升。而且，以大运动量为主的力量训练会引起糖酵解酶适应，进而提高肌肉耐力。

5. 内分泌变化

长期进行力量训练会引起睾酮水平升高，可以为肌肉生长创造良好的环境。长期进行力量训练会影响内分泌变化程度及组织对激素的敏感性，还会引起肾上腺素对训练的短时反应，增加目标组织的激素受体数量。

6. 心肺系统变化

由于力量训练对心肺系统造成的压力明显有别于跑步、骑自行车等有氧运动，因此心肺系统出现的适应性变化也不同。对有氧耐力而言，力量训练并不能提高峰值摄氧量。力量训练对峰值摄氧量的影响十分有限。

尽管力量训练不如跑步、骑自行车等有氧运动对最大摄氧量的影响那么明显，但力量训练可以发展心肺耐力，而且不会对最大摄氧量产生负面影响。因此，力量训练即便无法直接提高峰值摄氧量，但可以作为提高心肺耐力的重要组成部分。

7. 身体成分变化

力量训练会影响身体成分，以增肌为主要目的的力量训练会直接改变身体成分。力量训练可以通过改变能量消耗来影响身体的脂肪总量；可以提高非脂肪质量，特别是肌肉质量；可以提高身体的基础代谢率和增加每日能量消耗总量。与脂肪相比，肌肉是高能耗组织，代谢率高。换句话说，力量训练会提高男性、女性以及老年人的非脂肪质量，在脂肪质量不变的情况下也会降低体脂百分比。

四、力量训练的原则

（一）专项化原则

专项化概念具体是指运动员通过专门训练形成专门的适应或训练结果。在力量训练中，专项化表现在肌肉参与、动作模式及肌肉收缩形式（如动作速度、用力程度）等方面。

专项化也是特定刺激产生的专门适应。刺激的性质决定了适应结果。例如，运动员在完成爆发性快速动作时（如棒球击球、网球发球），需要在最高动作速度下动员或激活参与动作的运动单位。力量训练专项化与训练周期密切相关，如运动员随着季前赛、赛季到季后赛的训练过程也是专项化程度逐渐提高的过程。力量训练的效果与练习时肌肉的活动形式也密切相关。此外，力量训练适应的专项性还表现在肌肉收缩速度与功能性上。与单关节力量练习相比，多关节力量练习在动作的生物力学特征及肌纤维募集模式上与专项动作更加相似，因此，训练效果更为明显。

（二）超负荷原则

超负荷原则指在训练中教练员必须不断提高训练要求。当训练负荷增加时，机体在新刺激下需要产生新的适应。通过加大负荷量和负荷强度可以增加训练负荷。

训练负荷的调整可以通过以下途径：第一，提高对动作协调性的要求，如在条件略有改变的情况下完成动作；第二，增加比赛场次；第三，增加与高手同场竞技的次数；第四，减少外部助力，如增加跳水板的硬度或撑竿的磅数；第五，延长训练时间或增加练习组数和次数；第六，增加训练难度或训练负荷不变，缩短训练时间；第七，缩短训练间歇。

虽然超负荷是制订力量训练计划时需主要考虑的问题，但超负荷安排要有系统性，并应与渐进性原则结合。在应用超负荷原则时，必须给运动员留出充足的时间，使其逐渐适应新的训练刺激。

（三）渐进性原则

任何合理的训练计划都少不了训练调节与变化。当运动员已适应当前的训练计划时，教练员就应该调整训练计划，从而使运动员产生新的积极性适应。这种不断调节训练刺激，使运动员不断适应的过程被称为渐进性超负荷。力量训练中的渐进性设计必须合理，渐进程度一定要与运动员的训练水平相匹配。

五、力量训练计划

长期训练的运动员绝大多数会采用各种形式的分期力量训练计划。采用分期力量训练的主要原因是，运动员训练适应程度随着训练时间的增加而降低。分期力量训练要对练习选择、练习顺序、组数、次数、间歇时间、训练强度及训练频率等训练要素有计划地进行设计，目的是取得持续且理想的进步。高水平运动员往往会遇到长期力量训练计划制订的问题。早在 20 世纪 50 年代，欧美国家就开始采用分期方式对运动员进行训练。

（一）分期力量训练计划的基本结构

在欧洲，分期力量训练计划的结构一般分为准备期、第一转化期、竞赛期和过渡期（第二转化期或恢复休整期）。在美国，通常将分期力量训练过程分为赛季前、赛季和赛季后三个阶段。从力量训练角度，美式力量训练计划的结构一般分为增肌期、力量／爆发力发展期、峰值／保持期和过渡期。

美式力量训练阶段以训练目标进行命名，如峰值／保持期是力量或爆发力水平达到最高水平的训练阶段。

过渡期通常始于赛季结束，在过渡期内并非停止训练，而是对原有训练强度和训练量有意减少的休整性训练。在过渡期，无论是力量训练，还是间歇训练或是有氧训练、技术训练，训练量和训练强度均会减少。过渡期持续的时间较短，通常与训练能力和运动水平有关，高水平运动员大赛后的过渡期往往会略长于一般运动员。

在美式力量训练计划结构中，不同训练阶段的负荷量、训练内容及方法有明显区别。从增肌期到峰值／保持期，训练强度持续加大，训练量持续减少。在美式力量训练过程中，训练量和训练强度此消彼长，每周的训练日及周间的负荷量也会表现出小幅波动。

随着训练阶段的推进，训练手段会逐渐减少。这样可保证训练量的减少，从而避免过度训练，并可将训练精力集中在更大的训练强度上。同时训练手段应以多关节训练手段为主。

（二）分期力量训练的模式

分期力量训练的目标应集中在训练适应效果的最佳化和避免过度训练上。分期力量训练的目标在不同群体、不同阶段存在差异。在制订训练计划时，教练员和运动员会以增肌、提高最大力量、提高局部肌肉耐力或爆发力（最大功率）等为目标。以某个训练目标为主的训练同样会影响或发展相关力量能力，如最大力量训练对爆发力、最大力量训练对肌肉耐力，以及最大力量训练对增肌等的影响。

1. 线性分期力量训练模式

线性分期是常见的分期力量训练模式。线性分期也称为传统力量与爆发力分期或台阶式分期。线性分期力量训练模式的负荷变化特征表现为训练负荷量的逐渐减少，训练强度逐渐加大。以自由重量训练为例，训练初始阶段的训练强度较小，每组重复次数较多。随着训练阶段的推进，训练强度逐渐加大，训练重复次数逐渐减少。

以前，线性分期力量训练一般主要满足一年内1～2场重大比赛的训练需要，因此，通常出现年度大周期或双周期的安排。这样，就会形成两次训练强度峰值。但考虑到赛前调整、身心恢复等方面，训练强度峰值只能安排在赛前较短的一段时间。同样，技术训练也会在赛前达到最大训练强度。在线性分期力量训练中，年度大周期包含的训练阶段也会持续较长时间，如3～4个月。实践表明，力量和爆发力会在较短的时间内得到提高。

如今，线性分期力量训练阶段一般会设计为2～6周。在分期力量训练中，包括不同时间跨度的训练阶段或周期，大周期通常为0.5～1年，中周期为3～4个月，小周期为1～4周。

2. 非线性分期力量训练模式

非线性分期力量训练是目前更为流行的力量训练模式。线性分期力量训练的主要目的是在赛季或重大比赛期间使力量和爆发力达到最高水平，但是，如今赛季漫长，需要运动员或运动队在整个赛季保持较好的竞技状态。因此，长期保持高水平的力量和爆发力水平非常重要且必要。

线性分期力量训练模式下的力量和爆发力训练，只在赛季开始前或赛前出现峰值，峰值出现的时间固定，且持续时间较短。此外，由于线性分期力量训练负荷结构特点，往往会引起积累性疲劳，使得赛季开始时的运动表现不佳。但是，非线性分期力量训练有较明显的训练负荷变化（训练量和训练强度），可以在较长时间内保持良好的体能状态。因此对于赛季较长的球类项目，赛事往往或安排在赛季即将结束之时，非线性分期力量训练模式更合适。

根据负荷结构变化频率，非线性分期力量训练模式可进一步分为周内非线性、单周非线性及双周非线性分期力量训练模式。进行非线性分期力量训练时，训练量和训练强度不会采用长时间此消彼长的变化方式。在保证训练总量一致的前提下，无论是单周非线性还是双周非线性均可以看作线性分期的一种设计形式。在非线性分期力量训练模式中，也可以随着训练进程逐渐加大训练强度，减少训练量，训练手段由一般性力量练习过渡到以爆发力为主的训练。

第二节　高校学生力量训练的方法

一、力量训练的基本方法

根据肌肉收缩形式，力量训练主要分为动力性力量训练和静力性力量训练两大类。随着现代训练理论的不断发展，动力性力量训练已成为竞技运动中发展运动员力量最主要和最基本的形式。训练负荷与发展力量的关系如表4–1所示。本节主要从最大力量的训练、速度力量（快速力量）的训练和力量耐力的训练三方面阐述力量训练方法。力量训练方法的分类体系和发展力量的具体方法如图4–1和图4–2所示。

表 4-1　训练负荷与发展力量的关系

训练目的	强度（重量）/%	组数 / 组	每组重复次数 / 次	完成动作速度	每组间歇时间 / 分钟
发展最大力量（绝对力量）	85～100	6～10	1～3	快到适中	3
发展速度力量	70～85	6～8	3～5	很快	3
发展小肌群力量或增大肌肉体积	60～70	4～8	6～12	适中到慢	3～4
发展力量耐力	60% 以下	3～6	＞12	适中	3～4

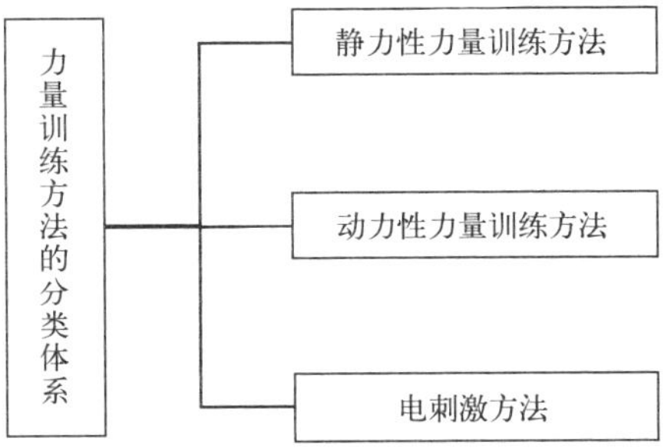

图 4-1　力量训练方法的分类体系

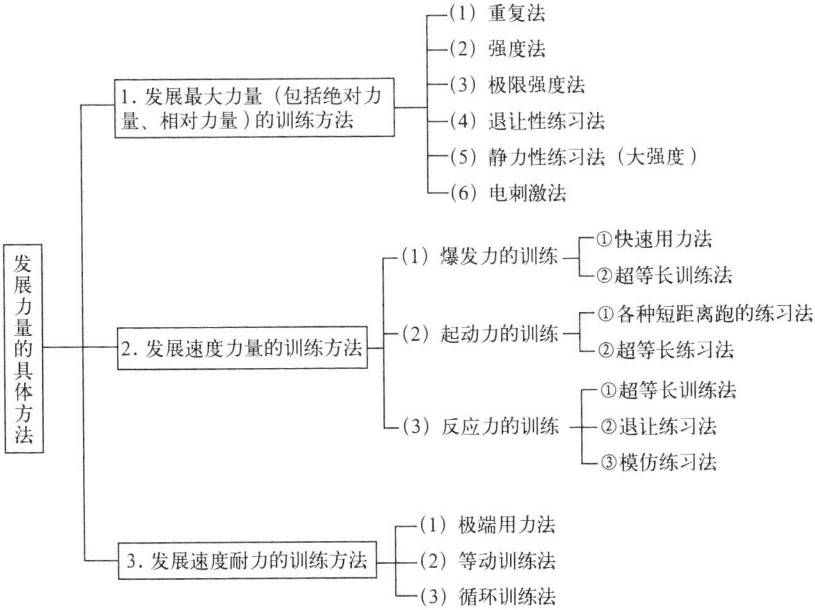

图 4-2　发展力量的具体方法

（一）发展最大力量的训练方法

1. 重复法

重复法是一种持续不断地重复用力的方法，也称为高强度重复刺激法，即要求在规定的大强度范围内，多次重复，直至力竭。也就是说，每个重量每一组都要做到力竭，甚至还要坚持再做 1～2 次。其负荷特征是以 75%～90% 的强度进行练习，每组重复 3～6 次，所负重量应随肌肉力量的增加而逐渐加大（见表 4–2）。

表 4–2　重复法的负荷特征

负荷强度 /%	组数 / 组	每组重复次数 / 次	每组间歇 / 分钟
75～90	6～10	3～6	3

重复法在初、中级水平运动员训练中运用较多，但在高水平运动员训练中效果较差。因为其力量的发展在很大程度上是在增加杠铃重量和克服这种重量的速度的情况下实现的。因此，随着运动员技术水平的提高，必须结合极限重量进行训练。

2. 强度法

强度法是一种最大限度的、短促的用力方法。其特点是以 85%～100% 的强度进行训练，训练时逐渐达到用力极限，之后继续用强的、中上的和中等强度的负荷量，直到对这种刺激产生劣性或接近劣性反应时为止。

强度法的负荷特征如表 4–3 所示。强度法能够发展一次性的最大爆发式用力，符合某些力量性项目最短时间最大用力的要求。它对神经肌肉的刺激强烈而集中，有利于提高中枢神经系统的兴奋性；同时，也可刺激激素的分泌，大量消耗蛋白质和磷酸肌酸，加速蛋白质的合成与分解，促进肾上腺皮质激素的分泌。强度法重复次数少，刺激强度大，既发展了最大爆发力，增强了肌肉力量，又发展了肌纤维间的协调性，但肌肉体积增加不多。

表 4–3　强度法的负荷特征

负荷强度 /%	组数 / 组	每组重复次数 / 次	每组间歇 / 分钟
85～100	6～10	1～3	3

强度法保证了用力的高度集中与绝对肌力的发展，能使运动员在肌肉体积没有特殊增加的情况下，相对力量得到显著提高。对于需要最大力量的运动员来说，周期性地进行极限和亚极限运动训练，可以有效地提高专项能力。

强度法对体力有较高的要求，长期使用强度法会导致运动员心理上产生较大的疲劳。因此，在使用强度法进行训练时，应与其他方法相结合。

3. 极限强度法

极限强度法又称为“保加利亚法”或“阶梯式训练法”。极限强度法要求达到、接近甚至超过本人当天最高强度的集中刺激水平，然后递减负荷。在计划规定的时间内，要求组数越多越好，组与组之间的间歇以能恢复为宜。

目前，极限强度法已被有关项目力量训练广泛采用。极限强度法对发展最大力量虽然极为有效，但是它对运动员的中枢神经系统、营养的补充、恢复措施与医务监督等均有很高的要求。这种方法不宜长期使用，应结合其他训练方法一起使用，并注意训练节奏和训练周期。极限强度法的负荷特征如表 4–4 所示。

表 4–4　极限强度法的负荷特征

负荷强度 /%	组数 / 组	每组重复次数 / 次	每组间歇 / 分钟
90	3	3	3
95	2	2	3
97.5	2	2	3
100	2	1	3
> 100	1～2	1	3

4. 退让性练习法

退让性练习法又称为离心收缩法，它与克制性练习法正好相反，不是肌肉在拉长时收缩，而是在收缩的同时或收缩后被更大的外力拉长。负重力量训练一般都包含退让性用力，如抓举、挺举、推举、深蹲等。

退让性练习可比动力性练习对抗更大的阻力，能用超出克制性收缩的强度进行练习，因而能给予神经 – 肌肉系统更强的刺激，从而增强肌肉力量。例如，运动员负重深蹲的最高成绩是 200 千克，若采用超过 200 千克的重量便无法练习深蹲了，然而他却可以负重 220～230 千克的杠铃，从直立姿势下蹲（运动员用最大力量抵抗下蹲），但要求慢放杠铃。进行退让性工作时，肌肉的最大张力比克制性练习和静力性练习的最大张力大20%～60%，从而使肌肉用力达到更高的紧张程度。

另外，退让性练习与克制性练习是密切结合的，在许多情况下为主动用力创造了有利的生物力学条件。例如，用抓举、挺举发展力量时，发力前的引膝、上挺前的预蹲等，都是退让性用力的典型体现。这种退让性力量的提高，会大大提高主动用力的效果。退让性练习的强度一般为100%～140%。另外，从0.4～1.1米的高处下跳缓冲，也能很好地发展腿部力量。

5. 静力性练习法

静力性练习是指肌肉在紧张用力时，其长度不发生变化的力量练习，所以静力性练习又称为等长收缩练习。静力性练习法不仅对提高最大力量作用较大，它还可以发展静力性力量和静力性耐力，如举重的支撑动作。生物学研究证实，静态力量是动态力量（包括快速力量）的基础。静力性练习法正是发展静态力量的有效手段之一。

静力性练习法之所以能有效地发展肌肉力量，是因为进行静力性练习时，肌肉长度基本不变，肌肉收缩所产生的能量基本上表现为肌肉张力增大。由于在完成最大紧张度的静力性练习时肌肉强直收缩，即运动单位工作同步化，因而能发展肌肉张力。在进行静力性练习时，机体处于无氧状态，这就导致能量储备迅速耗尽，从而容易迅速出现疲劳。

静力性力量训练，一般采用较大重量的负荷，以递增重量的方法进行练习。静力性练习法除可用于发展最大肌肉力量外，主要用于增强某些薄弱肌肉群的力量，也可用于技术训练，如挺举中的预蹲、体操中的倒立十字支撑、射击中的持枪射击等。静力性练习法还特别适用于伤后恢复阶段的训练。

静力性力量训练的负荷特征如表4–5所示。进行静力性练习时应注意以下几点：第一，练习时要与动力性练习相结合；第二，练习时应与技术动作相一致；第三，关于呼吸，可在练习前做一次深吸气，坚持数秒后慢慢呼出，也可先吸半口气进行极限用力，然后在短促呼吸与短促憋气相交替中完成练习。

表4–5 静力性力量训练的负荷特征

负荷强度/%	组数/组	每组重复次数/次	每组间歇/分钟	练习目的
< 50	2～4	> 20	3～4	发展力量耐力

续表

负荷强度 /%	组数 / 组	每组重复次数 / 次	每组间歇 / 分钟	练习目的
50～70	2～4	12～20	3	发展力量耐力
70～90	4～6	8～12	3	发展最大力量
90 以上	3～5	3～6	3～4	发展最大力量

（二）发展速度力量的训练方法

速度力量（或称快速力量）是速度与力量的综合表现，其提高受速度素质和力量素质的影响。因此，力量和速度决定着快速能力的发展。只有使速度和最大力量两方面都得到提高，才能在各种外部负荷的情况下使动作速度得到提高。训练实践证明，要提高速度是比较困难的，而提高力量却比较容易。例如，近 40 年来，举重各级别的世界纪录均提高了 20%～30%，而 100 米跑的成绩提高幅度却未超过 5%。

肌肉收缩速度是决定速度力量的主要因素。许多运动项目都是在快速节奏或爆发用力的情况下完成的。器械的出手速度、投掷时的鞭打速度、各种情况下的起动速度以及体操的团身、转体速度等，都是速度力量的突出表现。速度力量的典型表现形式主要有爆发力、起动力和反应力等。

爆发力是指以最短的时间（150 毫秒以内）、最大的加速度克服一定阻力的能力。爆发力的大小是由参与活动的所有肌肉群的协同用力决定的，它是速度力量项目运动水平的决定因素。爆发力的提高也同样有赖于最大力量水平的发展。如果最大力量发展不够，爆发力则不能达到很高的水平。所以，发展最大力量的训练方法同样也适合于发展爆发力。

发展爆发力的方法主要有快速用力法和超等长训练法等。

1. 快速用力法

快速用力法的练习特征是以最快的收缩速度，克服一定的器械重量以发展运动员的爆发力。它包括中等强度快速用力法和小强度快速用力法两种方法。快速用力法的负荷特征如表 4–6 所示。

表 4–6 快速用力法的负荷特征

负荷强度 /%	组数 / 组	每组重复次数 / 次	动作速度	每组间歇 / 分钟
70～85	4～6	4～6	爆发式	3～4
30～60	3～6	6～10	爆发式	3～4

（1）中等强度快速用力法

中等强度快速用力法的特点是用 70%～85% 的强度，用最大速度练习 4～6 组，每组重复 3～6 次。这种方法对发展爆发力极为有效，特别是采用抓举、挺举等形式（或高抓、高翻挺）发展爆发力时更是如此。田径运动中的投掷和跳跃、体操、击剑、跳水及任何有起跳动作的非周期性运动（如排球）项目，爆发力都将直接影响运动表现。因此，可采用这种方法发展爆发力。另外，也可安排负荷较小但快速完成的练习（如实心球练习）。

（2）小强度快速用力法

小强度快速用力法的特点是采用 30%～60% 的强度，练习 3～6 组，每组 5～10 次，进行专项性发展练习，并使练习的结构和肌肉工作方式尽量接近比赛动作。

运用小强度快速用力法，速度得到提高，说明力量也得到了增强。

2. 超等长练习法

超等长练习法是一种把退让性练习和克制性练习结合在一起的训练方法。进行超等长练习时，肌肉先做退让工作，并且被极度拉长，然后再尽快转入克制性工作。这种练习的目的在于使一般力量转变为爆发力，其生理机制是牵张反射，即肌肉在进行退让工作时，被拉长得超过自然长度，于是引起牵张反射，从而能够产生一种强有力的克制性收缩，以有效地发展爆发力。

采用超等长练习法发展爆发力的方法主要有跳深练习和各种跳跃练习，如用最大速度进行原地纵跳、蛙跳、连续跳台阶、跳栏架、多级跳、跳上跳下和跳箱等。超等长练习的内容、组数和次数，可根据训练要求和运动员的具体情况选定。

（1）起动力的训练方法

在最短时间内（通常不到 150 毫秒）最快地发挥下肢的肌肉力量，称为起动力。发展起动力的方法很多，以下三种练习对发展起动力具有积极作用。

①利用场地进行的各种短跑练习，如沙地跑、上下坡跳等。

②利用器械、仪器进行的各种跑的练习，如穿加重背心的起跑加速、加速跑突然改变动作方向跑、计时短跑、系铅腰带的加速跑、负轻杠铃短跑等。

③利用同伴的各种阻力（助力）的加速跑、牵引跑，听信号改变起跑的准备姿势跑等。

此外，发展弹跳反应力的超等长练习法，如跳深、各种跳跃练习，也是发展起动力的有效手段。

（2）反应力的训练方法

反应力是指运动着的人体迅速制动，并以很高的加速度朝相反方向运动的能力。当人体运动时，肌肉链牵制着人体运动的速度，引起牵张反射。在制动的离心阶段，活动的肌肉被拉长；在加速的向心阶段，肌肉迅速收缩、缩短。所以，反应收缩形式是一种高度活动的肌肉拉长－收缩周期形式。

反应力主要有两种：一种是以跳跃为主的弹跳反应力，另一种是以击打、鞭打、踢、踹为主的击打反应力。在以跳深为典型的反应形式中，肌肉拉长是因为制动向下运动的身体受重力作用被迫进行的，人们习惯称为超等长练习；相反，在以击打为典型的反应形式中，肌肉拉长是因为对抗肌用力而引起的。反应力训练法的负荷特征如表 4–7 所示。

表 4–7　反应力训练法的负荷特征

负荷强度 /%	组数 / 组	每组重复次数 / 次	每组间歇 / 分钟	主要方式
尽可能快的速度（100）	4～8	6～10	2～3	跳深、跳跃、踢、打

①弹跳反应力的训练方法。发展弹跳反应力的方法主要采用超等长训练法，训练内容主要有以下三种。

跳深练习。下落高度 50～110 厘米。采用较低高度，有利于发展最大速度；采用较高高度，可发展最大力量。要求跳下后立即向上跳起，尽量跳高。这种练习每周可安排 2 次，每次 4 组。

负重半蹲练习。采用颈后深蹲最大负荷 90%～130% 的强度做负重半蹲练习，每周安排 2 次，每次 4～6 组，每组 3～5 次；也可采用负重半蹲提踵或负重半蹲跳来发展弹跳反应力。

各种跳跃练习。用最大速度做原地多次纵跳、跨步跳、多级跳、负重连续跳、单足跳、多级蛙跳、连续跳过低栏架、连续跳台阶、跳上、跳下等动作。优秀运动员还往往把短跳练习和长跳练习结合起来进行。

②击打反应力的训练方法。许多竞技运动项目都有击打、鞭打、踢、踹等动作。发展击打反应力，特别是发展对抗肌的力量能力是这些运动项目训练的重要任务。发展击打反应力，主要有以下两种训练方法。

一是退让性练习法（用离心收缩发展对抗肌力量），具体分为以下两种练习方式。

卧推：卧推时负荷 110%～150%，即用超过自己最大负荷的 10%～50% 卧推。

仰卧直臂下压：两手持哑铃，直臂下压时快，直臂后摆时慢。

二是模仿性练习法（发展对抗肌和击打速度等）。如利用石块、短棒等模仿击打、投掷、踢和踹等动作，用轻杠铃快速平推以发展出手的速度力量等。练习时应注意动作完成的幅度、完成动作前的拉长动作，以及具有足够引起鞭打性的肌肉紧张。开始位置（关节角度）必须和比赛动作的开始位置一致，根据所选负荷和运动员的训练状态安排训练，此练习每组为 5～8 次。

（三）发展力量耐力的训练方法

1. 等动训练法

等动训练法即等动力练习法，它是利用一种专门器械（等动练习器）进行力量训练的方法。等动训练从肌肉用力形式来看，似乎属于克制性工作，但实际上它与纯粹的克制性工作有较大的区别。因为在进行克制性工作时，肌肉在缩短过程中张力要发生改变，而进行等动训练时，肌肉一直以某种张力进行收缩，并且收缩速度始终恒定。因此，不能简单地将等动训练看作克制性工作。

进行等动训练时，通常重复次数较多，速度也因不同的目的而有区别。这种方法主要用于发展力量耐力，如果改变负荷要求，也可用于发展其他类型的力量素质。等动训练法在国内外游泳运动员的训练中得到了广泛应用并收到良好效果。

等动训练可采用如下方法进行：将等动练习器固定在墙壁上、地板上或天花板上，运动员根据各自的专项特点，结合专项动作的方向和幅度，采用不同的负荷进行训练。

进行等动训练时应注意以下几点：第一，每周训练以 2～4 次为宜；第二，训练周期至少为6周；第三，要结合专项特点进行练习，训练时完成动作的速度应尽可能和专项动作一样快，或更快；第四，每一种练习都应保证做2～4组，每组以最大力量做8～15次（负荷较大时）或15次以上（负荷较小时）。

2. 循环训练法

循环训练法是指根据训练的具体任务，建立若干个练习站（或练习点），运动员按照规定的顺序、路线依次完成每组所规定的练习，周而复始地进行训练的方法。

循环训练要求系统地、按先后顺序进行两臂、两腿、腹部肌肉练习，以发展多部位力量耐力。循环训练的内容需根据训练目的和训练需要而定，同时遵循“渐进负荷”和“递增负荷”的原则安排训练。负荷强度根据个人情况而定。随着训练水平提高，可逐渐缩短循环一圈所用的时间。循环训练法的负荷特征如表4-8所示。

表4-8　循环训练法的负荷特征

练习内容	各站负荷大小	各站负荷持续时间	重复次数／次	休息时间	循环次数／次
力量	大	短	6～12	长、完全恢复	1～2

运用循环训练法发展力量耐力时应注意以下几点：第一，应根据训练需要和具体任务预先选定练习内容。由于练习是连续进行的，因此，练习内容应是运动员已基本掌握的动作。第二，每套循环练习可安排8～10个站，每站内容的安排顺序一般应使身体不同部位的活动交替进行，以发展不同肌群的力量耐力。第三，练习时不但要注意完成的时间和数量，还要保证质量。第四，为验证一套循环训练的效果，一般应连续使用一段时间。循环练习内容不宜经常变动。

二、力量训练的方法示例

（一）上肢力量的训练方法

1. 卧推

作用。主要发展胸大肌上部、三角肌的力量。

要领。仰卧于卧推架上，手持杠铃，采用宽、中、窄三种握距均可，先屈臂将其放于胸部上方，将杠铃推起至两臂完全伸直。也可用哑铃练习。卧推包括平卧推、斜板卧推多种形式，平卧推重点发展胸大肌中部和上部力量；头高于脚的斜板卧推重点发展胸大肌上部力量；脚高于头的斜板卧推重点发展胸大肌下部力量。上述三种卧推均发展三角肌力量。

2. 颈后推举

作用。主要发展背阔肌、斜方肌、三角肌、前锯肌的力量。

要领。用高翻动作将杠铃置于颈后，然后宽握杠铃，挺胸立腰，身体直立，两肘自然下垂。双手握杠铃，用两臂力量将杠铃从颈后推至两臂伸直。每组练习3～8次。也可采用握距做颈后推，但锻炼效果不如宽握距。

3. 直腿硬拉

作用。主要发展骶棘肌、背阔肌、斜方肌、臀大肌以及股二头肌、半腱肌、半膜肌、大收肌等伸展躯干和伸髋的肌肉力量。

要领。两腿自然开立，两手宽握杠铃，上体前屈，挺胸立腰，两臂伸直，然后伸髋、展体将杠铃拉起至身体挺直。还原后重新开始。每组练习2～5次。上拉时注意腰背肌群要收紧，杠铃靠近腿部。

4. 胸前推举

作用。主要发展三角肌侧前部肌肉以及斜方肌、前锯肌和三头肌的力量。

要领。两脚左右开立，两手正握杠铃提拉翻起至胸部，然后立刻向上推过头顶，再屈臂将杠铃放至胸部，再向上推过头顶，反复练习。也可用哑铃或壶铃练习。推举还包括颈后推举、借力推、胸前宽握距推举和颈后宽握距推举等。

5. 杠铃快挺

作用。主要发展三角肌前部、斜方肌、前锯肌的力量以及身体的协调用力和爆发力。

要领。两手宽握杠铃，提拉杠铃并将其置于胸前，接着向上方挺举，双腿可配合做前后交叉动作，连续进行。练习时动作速度要快，手和腿协调配合。

（二）下肢力量的训练方法

1. 深蹲

作用。除主要发展股四头肌、股二头肌、臀大肌的力量外，还能有效地发展伸髋肌群的力量。

要领。上体正直，挺胸立腰，抬头，两手握杠铃放置颈后肩上。做动作时保持腰背挺直，抬头收腹，平稳屈膝，下蹲后起立。下蹲或起立时，膝关节与脚尖方向应一致。起立时，主要依靠伸膝肌群的力量。

2．前蹲

作用。动作基本同深蹲，但前蹲时由于胸部所受的压力较大，参与完成伸膝、屈足肌群工作的阻力更大，因此能更有效地发展伸膝肌群和躯干支撑的力量。

要领。上体正直，挺胸立腰，抬头，两手握杠铃，放置在肩胛骨和锁骨的连线上，平稳屈膝，下蹲起立。根据不同的任务和要求，练习时可采用不同的站距（宽站距是指大于肩宽的站距，中站距是指约为肩宽的站距，窄站距是指小于肩宽的站距）和不同的速度（快速、中速、慢速、反弹）。下蹲或起立时，膝关节与脚尖方向应一致。起立时，主要依靠伸膝肌群的力量。

3．半蹲

作用。发展伸膝肌群的力量与躯干支撑力量，特别是股四头肌的外侧肌、内侧肌，股后肌群和小腿三头肌。

要领。正握杠铃于颈后肩上，挺胸立腰，屈膝下蹲至大腿，接近水平位置时伸腿起立。其余要领同颈后深蹲。此练习也可采用坐蹲进行。

4．负重半蹲跳

作用。主要发展伸膝肌群和屈足肌群的力量，可很好地提高弹跳力。

要领。肩负杠铃，屈膝半蹲后，迅速伸髋、蹬腿、展体、提踵做起跳动作。起跳时，杠铃固定，保持挺胸、立腰、抬头、直体姿势，落地时屈膝缓冲。也可用壶铃做，两脚开立同肩宽，屈膝直臂，持壶铃做蹲跳动作。

发展腿部力量的练习还有腿举、伸小腿、屈小腿、负重弓箭步跳、负重箭步蹲、足尖深膝蹲和负重提踵等。此外，快速伸缩复合训练采用的纵跳、蛙跳、跳台阶、立定跳远、立定三级跳、立定多级跳、立定收腹跳、立定跳高、单足轮换跳、跳深、直腿跳、多级跨跳和跳栏架等对发展腿部力量、腿部爆发力和身体协调用力也都十分有效。

（三）全身力量的训练方法

1．抓举

作用。主要发展伸膝、伸髋、伸展躯干及肩带肌群的力量，并能有效地发展全身力量及爆发力。

要领。抓举包括预备姿势、提铃、发力、下蹲支撑与起立、放下杠铃与呼吸五个部分。

预备姿势。两脚呈小八字形或两脚平行站立，与髋同宽，两腿靠近或贴近横杠。握距采用中握或宽握，手型为锁握（食指和中指压住拇指，抓举，挺举常用锁握法）。

提铃包括伸膝用力、膝髋并伸和伸髋引膝三个阶段。

发力是在提铃的基础上引膝动作结束瞬间进行的，此时杠铃提拉到大腿上1/3处或大腿中上部（抓举的发力点）。发力从快速蹬腿开始，并以此带动伸髋和展体，从而使杠铃获得最大的向上速度，并及时地耸肩提肘、提踵加力，使发力强度增大。

发力后，杠铃靠惯性继续向上运动。此时，两脚立即快速地向左右两侧对称分开，身体迅速向杠下屈膝下蹲，以缩短上举杠铃的距离。下蹲过程中，两臂向上用力时，必须注意使肩带和上体迅速前移至横杠下面，并屈膝深蹲使身体重心下降。起立后，全身直立，两臂伸直。放下杠铃时，先屈臂将杠铃逐渐降低至胸前，稍屈膝蹲低，再向下翻腕将杠铃靠近身体放下。抓举用力时间很短。在做预备姿势时，正常呼吸，随即憋气使胸廓固定，然后在憋气状态下完成整个抓举动作，直至起立站直，放下杠铃后才开始换气。

2. 挺举

作用。提铃部分主要发展股四头肌、臀大肌、股二头肌、半腱肌、半膜肌、大收肌、骶棘肌、斜方肌、三角肌、肱二头肌、肱肌、小腿三头肌和屈足肌群的力量；上挺部分主要发展股四头肌、臀大肌、股二头肌、半腱肌、半膜肌、大收肌、小腿三头肌、屈足肌群、斜方肌、前锯肌、背阔肌、三角肌和肱三头肌的力量，同时也发展全身协调用力及爆发力。

要领。一个完整的挺举技术由提铃至胸和上挺两部分组成。提铃至胸包括预备姿势、提铃、发力、下蹲翻与起立。上挺是将置于锁骨上和两肩三角肌上缘的杠铃通过预蹲和借助上挺发力，使杠铃举过头顶至两臂伸直支撑的动作。它包括箭步式分腿上挺、半蹲式上挺和下蹲式上挺等。完成上挺后放下杠铃时先直臂支撑杠铃，逐渐将杠铃降至胸前，稍屈膝蹲低，随后翻腕将杠铃靠近身体平稳地放回。

3. 高翻

作用。同挺举提铃部分，主要发展背阔肌、斜方肌、骶棘肌的力量，以及爆发力。

要领。两脚左右开立约同肩宽，双手采用锁握或普通握正握杠铃，握距稍宽于肩，挺胸立腰，将杠铃提起至大腿中下部，迅速发力，翻举杠铃至胸上部。反复练习。

4. 高拉

作用。主要发展骶棘肌、斜方肌、前锯肌、臀大肌、股二头肌、半腱肌、半膜肌、大收肌、股四头肌、三角肌、肱肌、小腿三头肌和屈足肌群的力量（快速用力时还可发展爆发力）。

要领。在杠铃前做好预备姿势，在伸膝的带动下提臀和升肩，使杠铃离开举重台并基本沿垂直方向上升到膝部前下面。当伸髋引膝阶段结束，杠铃提拉到大腿中下部时，全身骤然用力，迅速做出蹬腿、伸髋、展体、耸肩、提肘、起踵动作，使杠铃继续上升，随之做屈膝、半蹲或直腿动作，同时顺势提肘。上拉的任务是利用伸膝、伸髋的力量给杠铃一定的初速度，向上运动到适宜的高度，为发力创造有利条件。

三、力量训练的技术规范

（一）握法与握距

力量训练中常用的握法为正握和反握。正握（也称为上手握）即手掌朝下，指关节朝上；反握（也称为下手握）即手掌朝上，指关节朝下。例如，杠铃肩上推举应采用正握法，杠铃肱二弯举则应采用反握法，见图 4–3。

杠铃练习时的保护握法建议采用正反握，即一只手正握杠铃，另一只手反握杠铃。无论是正握、反握还是正反握，大拇指均要包裹在杠铃上，这种握法称为闭握。如果大拇指没有越过杠铃杆，而是放在食指边，这种握法称为开握或虚握。另外，运动员在进行自由力量练习时，握距是教练员指导的重点。握距是指双手抓握杠铃的距离，它分为窄握、齐髋握、齐肩握和宽握，见图 4–4。大多数杠铃练习通常采用齐肩握。但是，运动员的体形会影响握距。不管采用何种握距，最重要的是要保证练习时杠铃的稳定。

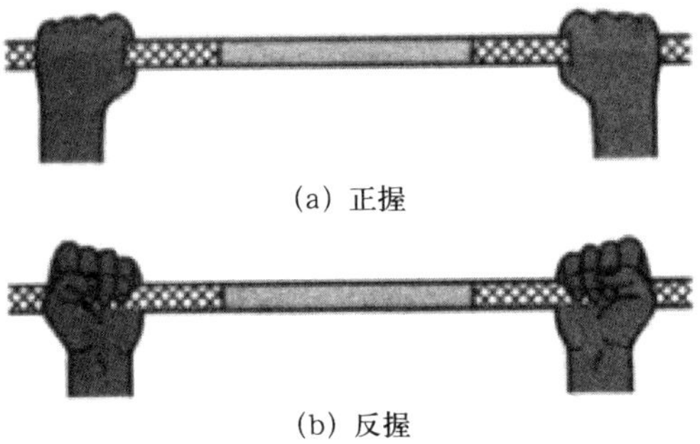

图 4-3　常用握法

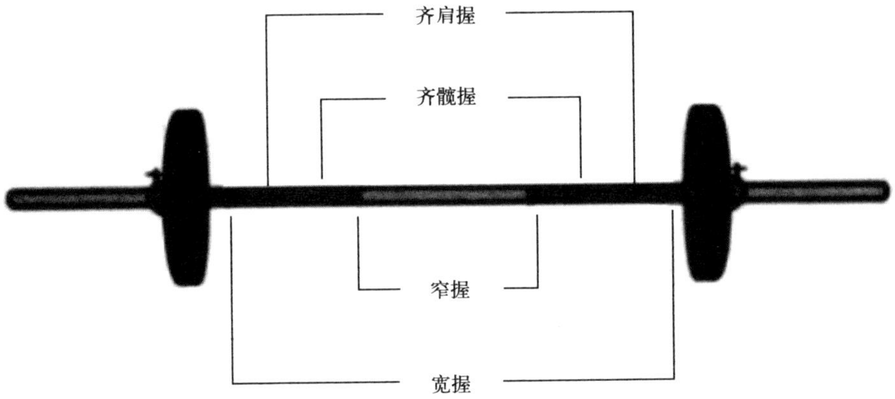

图 4-4　常见握距

（二）起始姿势

在进行力量练习时，教练员应教会运动员正确的起始姿势。站立时，双脚在平地上开立，距离控制在与髋同宽和与肩同宽之间。在进行固定器械练习时，教练员应根据运动员的身材调整座高及各种靠垫位置，让训练关节与器械转动轴处于同一直线。运动员进行坐姿器械伸腿练习时，教练员应前后调整靠背角度。

（三）五点支撑技术

有些坐姿下的自由负重练习和固定器械练习或仰卧练习（如哑铃卧推、仰卧屈臂伸）需要有身体支撑，因此教练员要让运动员掌握五点支撑技术，即让身体的五个部位（脑后、背及肩后部、腰及臀部、右脚、左脚）和椅子、地板或平板保持接触。

另外，有些俯卧练习需要运动员面部向下（如俯卧腿弯举、伸背），身体前部与地板或器械靠垫接触，双手抓握把手。例如，在进行俯卧腿弯举练习时，五个支撑点为下颌（如果头转向左侧或右侧，应为一侧脸颊接触平板）、胸及腹部、髋及大腿前部、右手、左手。

（四）力量训练中的呼吸

在进行力量练习时，呼吸的关键是在向心用力阶段，在动作黏滞点（完成动作最困难的部分）出现时应呼气，在离心用力阶段时吸气。一般来说，黏滞点出现在离心转为向心用力后不久处。例如，杠铃斜上卧推时，在杠铃推起阶段呼气。在杠铃回落至起始姿势过程中应吸气。这种呼吸方式适用于绝大多数的力量练习。

有些练习需要采用特殊的呼吸方式才能取得更好的效果。例如，在进行结构性力量练习（负重作用在脊柱上的练习，如背蹲、推举）或腰部受力的练习（如杠铃俯身划船、杠铃硬拉、肩上推举）时，屏住呼吸，训练效果会更明显，这种呼吸方式被称为瓦式呼吸法。采用瓦式呼吸法时，腹肌和胸腔用力收缩，关闭声门阻止气流呼出，膈肌进行收缩，形成腹内压，从而由内至外稳固脊柱关节，并明显减轻其他肌肉的参与压力。

尽管瓦式呼吸法在力量练习时有一定优势，但这种呼吸方式会引起胸膜腔内压上升，对心脏产生压力，造成静脉血回流困难。此外，瓦式呼吸法还会导致短时血压升高，可能出现眩晕、疲劳、血管破裂、方向感下降和晕厥等。所以，患有或疑似患有心血管疾病、代谢或呼吸疾病的运动员在进行力量练习时不宜采用瓦式呼吸法。即便是经常进行力量训练的高水平运动员，建议只能短暂屏气（1～2 秒）。

四、力量训练中应关注的问题

（一）过度训练与停训

1. 过度训练

如果训练量或训练强度安排不当，就会导致过度训练。过度训练是训练过量后产生的运动成绩停滞不前和普遍疲劳的状态。过度训练不仅不能提高力量和爆发力水平，反而会导致运动能力下降。

关于力量训练中过度训练的研究较少。练负荷过大且进程过快，容易超过人体生理适应能力而导致过度训练，常出现疼痛或损伤等现象。

力量训练出现过度训练时，肌肉组织会造成损伤。通常，力量训练出现过度训练主要是由训练量增加过快引起的，也可能是由很多天保持高强度训练，而且没有变化或休息诱发的。因此，在进行力量训练时，应通过分期模式对负荷量、负荷强度和恢复进行合理的调整与控制。一旦出现过度训练，最主要的表现就是力量水平停滞不前。预防过度训练最有效的办法就是休息或减少负荷量。

2. 停训

停训指停止训练后出现的生理机能以及运动能力上的变化。停训适应其实就是训练适应的退行性变化，是逐渐回到起初训练时的状态的过程。具体而言，就是肌肉质量会下降，适应后的神经功能会退化（如募集能力、射频、同时收缩）。因此，停训后肌肉会出现萎缩，爆发力会下降。肌肉萎缩现象在快肌纤维上表现得更明显。

短期停训对训练有素的力量型项目运动员和业余力量训练者来说，肌肉力量和爆发力水平不会有太大变化，这说明短期停训的发展进程很慢。研究发现，长期停训（32 周）会引起女性力量训练者肌肉力量的大幅下降，但力量还是会高于开始训练时的水平。停训似乎对神经肌肉系统的影响与训练不同，如静力性力量下降的速度要比其他力量快。同样，停训对无氧功率训练（如温盖特测试）的影响要比力量、爆发力明显。每周只要维持 1～2 次训练，就可以有效预防停训带来的影响。

（二）安全问题

在进行力量练习时，教练员的首要任务是保证运动员的训练安全。教练员除了需给运动员讲清楚动作要领并在练习时给予强化外，在安排自由负重练习时，还要做好保护，以降低运动员的受伤风险。

在进行自由负重练习时，需要保护的情况主要包括头部上方的练习（如站姿肩上推举），脸部上方的练习（如卧推），背部或肩后部杠铃负重练习（如背蹲），肩前部或锁骨处杠铃负重练习（如前蹲）。

一般来说，爆发性或快速练习（如高翻、挺举、高拉、抓举等）不需要保护，但教练员应告诉运动员，如果出现杠铃失控脱手或滑落时，将杠铃推离身体或只需让其垂直下落即可。一旦出现杠铃在运动员头部上方跌落的情况，运动员应在杠铃下落的同时及时向前迈步或跳步，并快速松手躲开下落的杠铃。另外，应保证在练习时场地周围没有任何障碍物。

（三）力量训练中的营养问题

力量训练中摄入营养的主要目的是促进合成代谢，而力量训练是肌肉蛋白合成的刺激因素。当肌肉蛋白合成超过分解时，就会形成正氮平衡，肌肉因此就会生长。调节膳食或加强营养补充，体内可以由负氮平衡转化为正氮平衡，即合理的力量训练配合合理的营养方案将会有效促进肌肉生长和力量提高。

如果在完成一堂力量训练课的同时增加蛋白质的摄入，肌肉蛋白合成较正常蛋白质摄入会更加明显。多次短时间肌肉蛋白合成的良性反应将会决定训练的长期适应。短时训练所配合的营养摄入频率、程度及持续时间都是长期适应结果的重要影响因素。

1. 蛋白质的摄入

力量训练后摄入 20～25 克优质蛋白能够保证理想的蛋白合成。力量训练后配合 25 克优质蛋白，肌原纤维蛋白合成会在随后的 5 小时内保持较高水平。5 小时后，非肌原纤维蛋白合成恢复至基础水平。因此，第二次优质蛋白摄入应该安排在 5 小时后，以便保证理想的合成环境。

训练后，摄入等量的乳清蛋白所形成的氮平衡和肌肉蛋白合成效果较大豆蛋白更明显。而且，乳清蛋白长期增肌效果更好。

2. 碳水化合物的摄入

高含量的碳水化合物饮食与运动前糖原浓度、运动表现或耐力水平高度相关。肌糖原浓度与肌肉力量、短时间高强度（无氧）运动、重复性高强度运动有关。摄入充足的碳水化合物有助于肌糖原和肝糖原的储存，也有利于减少运动对蛋白质的动员，并保持高浓度的肌糖原。因此，碳水化合物的摄入对运动员来说非常重要。碳水化合物摄入不足或训练导致的长期糖原储备不足很可能是造成过度训练以及运动成绩下降的主要原因。在多数情况下，运动员应摄入复合碳水化合物。但运动中或运动后即刻摄入单糖更容易被身体吸收，刺激胰岛素释放的效果更明显。建议每日碳水化合物的摄入量保证在 6～11 克 / 千克体重。

研究表明，只有进行持续时间较长、做功总数较大的力量训练时，补充碳水化合物才会发挥类似“增补剂”的效果。观察发现，补充碳水化合物有助于提高高强度运动项目，如英式橄榄球和美式橄榄球的运动表现水平。对世界级运动员和高水平运动员来说，一天多练的现象十分普遍。摄入和消化充足的碳水化合物，有利于提高第二次或第三次训练的效果。与单纯补充蛋白质或碳水化合物相比，运动前后补充蛋白质与碳水化合物的混合物，会形成更为有利的“合成环境”，并且会进一步促进糖原合成及组织重塑。

3. 训练前后的营养摄入

训练前进食，对运动员的生理、心理均有益处。在某些条件下，训练前摄入蛋白质可以促进组织重塑、肌肉体积增大。由于碳水化合物与运动成绩关系密切，因此要特别注意训练或比赛前碳水化合物的摄入。训练前或比赛前摄入的碳水化合物（和蛋白质）最好为液体形式。训练前即刻或训练中，如果碳水化合物为固态形式，则会导致运动不适。

训练后进食高含量碳水化合物会加速糖原恢复。运动后 2 小时内摄入 1～3 克／千克体重的碳水化合物以及运动后每 2 小时进食一次，可以最大限度地补充糖原。与复合碳水化合物相比，运动后 6 小时内摄入单一碳水化合物（单糖）的糖原补充效果更好。

4. 增重

有些运动项目，如美式橄榄球、英式橄榄球、投掷项目、重量级拳击等，需要运动员具有一定的体重。运动员为了增重，必须制订周密的训练和饮食计划，从而达到大幅增加瘦体重，最大限度控制脂肪增加的目的。

尽管这些运动员增加体重的目的是提高瘦体重，避免增加脂肪，但即便是高水平运动员，增重的同时也会增加一些脂肪，而且相当一部分增加体重的运动员都会伴有脂肪百分比的提高。

当运动员需要增加体重时，应将脂肪摄入热量控制在总热量的 30% 以下，并且增加不饱和脂肪的摄入（占总脂肪摄入的 70%～80%）。最好通过均衡膳食来增重，同时要结合身体训练，特别是力量训练，这样可以有效增加瘦体重。体重的增加不应过快，每周可增加 0.5～1 千克，因为这种增体重的方式可以控制体脂增加。由于增重（6 个月以内）阶段会导致体重增加较多，因此体重增加速度还要减缓。在长期增加体重的过程中，体重增加速度应控制在每周 0.25～0.5 千克，并将脂肪增加控制在最低程度。

增重期间，应密切监控体重和身体成分，可以每 1～2 周测一次。如果体脂百分比提高明显，就需要调整训练和饮食计划。观察发现，高水平运动员（如美式橄榄球运动员、投掷运动员及举重运动员）在大运动量和高强度训练下，体重每增加 10 千克，体脂百分比就会增加 1%～3%。

第五章　高校学生体能训练之速度训练

本章主要对高校学生体能训练之速度训练进行介绍，主要从以下三个方面展开阐述，分别是高校学生速度训练概述、高校学生速度训练的理论、高校学生速度训练的方法。

第一节　高校学生速度训练概述

一、对速度的认识

（一）速度的概念

速度素质是指人体或某环节快速运动的能力，包括人体快速完成动作的能力、对外界信号刺激快速应答的能力以及快速位移的能力。速度是一种综合能力，是人的基本运动素质。快速力量、爆发力、神经支配及技术合理性对速度素质有重要影响。

速度对人体整体运动能力的提高有着重要意义。著名训练学理论专家图多·博姆帕（Tudor Bompa）在《运动训练理论与方法》的专著中认为：体育运动中最重要的生物运动能力之一是速度；在短跑、拳击、球类等众多项目中，速度都起着重要的作用；在不以速度为主的项目中也可以将速度训练作为提高训练强度的手段。[①] 近年来，随着科学技术和研究的不断深入，体能研究的理论和实践有了突破性的进展，速度素质的研究成为其中的重点之一。我国现代体育多受国外发达国家的影响，很多观念与国外比较相近。我国学者将运动中的速度素质具体分为反应能力、快速移动能力和完成动作的能力。国外对与速度训练相关的研究表述也多为相似的内容，不同的是对速度素质的组成有不同的表达。美国国家体

① 博姆帕．运动训练理论与方法[M]．马铁，郭小燕，周丰，等译．北京：人民体育出版社，1990.

能协会出版的《核心发展训练》一书将速度素质分为加速度、最大速度和速度耐力三部分。国际田径联合会出版的教材《教练理论入门》，将速度分为最大速度、最佳速度、加速度、反应时、速度耐力五种类型，并认为人的速度能力在发展过程中存在“机会窗口”，即提高速度的最佳时期，要注重对速度“机会窗口”的把握。

对速度的研究在不断深入。速度素质练习最初是针对田径运动项目中身体整体周期性移动速度的训练，之后随着速度素质训练研究的深入，速度训练不断扩展到田径运动以外的领域。现在的速度训练研究主要针对各项运动的专项速度训练。在不同的运动项目中，速度素质具有同样重要的作用，例如：跳跃运动中的助跑起跳相结合的初速度；田径运动中短跑、跨栏跑等需要周期性位移的绝对速度、平均速度；球类运动中，移动速度、进攻速度、击球速度、反应速度、动作速度往往是取得胜利的重要保证；等等。因此，速度素质的发展水平高低，在很大程度上决定运动成绩的高低和比赛的胜负。美国职业篮球联赛（NBA）之所以引人入胜、精彩纷呈，核心因素之一就是具有激烈的速度和身体对抗，一般运动队的速度节奏达不到这种水平。因此，速度是运动员达到和维持最佳竞技状态的保证，是取得优异运动成绩的重要条件，是衡量运动员身体素质水平的重要指标。探讨提高速度素质的方法与途径，是体能训练的一项重要任务。

（二）速度的分类

根据表现形式，可以把速度分为下列几种。

1．反应速度

反应速度是指人体对所处环境的各种信号刺激（声、光、触、味等）的快速应答能力。反应时受遗传因素的影响较大，占 75% 以上。人体通常对触觉的反应时最短，反应时也叫反应潜伏期，是指运动员接受刺激与做出第一个肌肉动作之间的反应时间。在大多数运动项目，特别是对抗性项目中，反应时起着重要作用。

反应时虽然遗传度较高，但仍然有较大的可塑性。通过合理的训练可以把受遗传因素决定的最高反应速度表现出来。研究指出，经过训练的运动员对于视觉刺激的反应时（0.15～0.20 秒）要比未经过训练的运动员（0.25～0.35 秒）短。同样，前者对于听觉刺激的反应时（0.05～0.07 秒）也比后者（0.17～0.27 秒）短。[①] 反应时的长短与刺激信号的强度、注意力的集中程度和指向性高度相关。

① 杨世勇，唐照华，李遵，等．体能训练学[M]．成都：四川科学技术出版社，2001.

反应速度与下列因素有关：注意力专注程度及身体机能的即时状态；对信号刺激的认知与判断；人体感受器的敏感程度等。

2. 动作速度

动作速度是指人体或人体的一部分完成单个动作或成套动作的快慢以及单位时间内重复动作次数多少的能力，分为单个动作速度、成套动作速度及动作速率三种。动作速度是运动员成绩表现的重要组成部分。现阶段对动作的关注出现了新趋势，功能性动作成为运动训练的重要内容，对功能性动作的评估可以在很大程度上反映成绩表现。下列因素与动作速度有密切联系：神经肌肉系统的激活状态；白肌纤维参与程度；爆发力水平；动作熟练程度及协调性。

3. 移动速度

移动速度也叫位移速度，是单位时间内人体重心移动的距离。通常用通过一定距离的时间或单位时间内所通过的距离来表示，如短跑运动员的跑速、跳高运动员的助跑速度等。位移速度的影响因素主要有神经肌肉系统的灵活性；肌纤维比例及肌肉协调能力；快速力量水平及能量储备；人体各器官系统的协同配合；移动技术的合理性。

另外，在运动中还有衔接瞬时速度，即运动中各单一速度或个体速度之间转化、传递的快慢。它是由位移速度、动作速度、反应速度、器械运行速度、个体之间的配合等因素相互作用产生的综合效果，表现为动作环节间的衔接，如跑跳衔接，跨跳结合，助跑与投掷出手的衔接，球类项目中的攻防转换、进攻衔接等，具有实践意义。

以上几个速度类别形成了一个完整的速度素质系统结构（见图 5–1）。

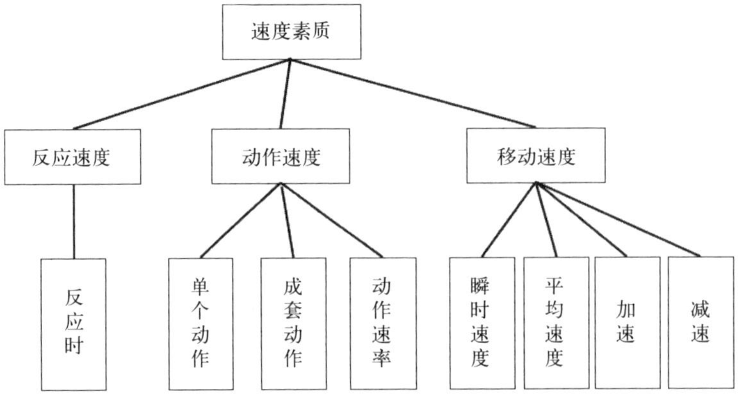

图 5–1　速度素质系统结构

二、速度与力量

速度在理论上被分为反应速度、动作速度和位移速度，又可以分为无氧速度和有氧速度，但速度绝不仅仅与跑有关，而是人体综合能力的反映，高水平运动员在运动场上的表现尤其如此。在大多数运动项目中，改变运动方向和运动速度的能力较之获得和保持速度的能力更加重要，这说明了快速力量、灵敏性特别是爆发力对速度素质的重要影响。实践表明，在 60 米（甚至更短）到 200 米的周期性短距离田径项目中，爆发力、最大肌力、肌肉放松能力与短跑成绩有直接关系（见表 5–1）。距离越短，力量因素的影响越大；随着距离的增加，肌肉放松能力的作用在增强，因为只有肌肉放松才能提高肌肉的发力效果，并在很大程度上节省能量消耗。长距离运动、其他球类项目同样如此。

表 5–1　短跑成绩与肌肉能力的关系

选项	60 米	100 米	200 米
提高成绩幅度（秒）	7.0～6.4	10.9～10.0	21.5～20.0
爆发力（%）	34.13	20.59	11.23
最大肌力（%）	20.64	12.34	6.36
肌肉放松能力（%）	19.58	21.20	46.32

三、速度与能量供应

能量供应系统及其效率直接影响速度表现。人体运动能量产生的过程包括无氧代谢（磷酸原系统、糖酵解系统）与有氧代谢（有氧代谢系统）两种方式。实际上在任何运动中这两种供能方式均同时发生，依据运动强度和持续时间的不同，供能的比重不同，有主次之分而无绝对界限。短跑主要依靠磷酸原系统和糖酵解系统供能，如表 5–2 所示，100 米跑大约有 50% 的能量源于磷酸原系统，35% 的能量源于糖酵解系统，15% 源于有氧系统。因此在短跑训练中，提高糖酵解供能能力、有氧供能能力和磷酸原供能能力十分重要。

表 5-2　短跑运动各系统功能比例

短跑项目／米	磷酸原系统／%	糖酵解系统／%	有氧代谢系统／%
60	85	10	5
100	50	35	15
200	15	65	20

第二节　高校学生速度训练的理论

现代训练理论把速度分为反应速度、动作速度、移动速度、加速度、专项速度等几种速度类型，但速度是一种综合能力。各种类型的速度在人体神经肌肉系统的控制之下，有机融合，相互影响，形成完整的人体快速运动能力系统。

一、速度素质的影响因素

上述内容中，就各种类型的速度已经比较具体地描述了它们的影响因素。速度作为一种综合能力，受多种因素的制约和影响。既有先天的生物因素，也有后天的训练因素。从总体上看，人的速度素质或能力，主要受到下列因素的影响和制约。

（一）神经系统的支配控制能力

速度是在神经系统的支配下，通过骨骼肌收缩，牵引骨骼进行的杠杆式运动，神经对肌肉的支配能力对速度有最为直接的影响。神经活动的基本过程有两个，即兴奋和抑制。兴奋是指神经活动由静息状态或较弱的状态转为活动的状态或较强的状态；抑制是指神经活动由活动的状态或较强的状态转为静息的状态或较弱的状态。神经系统通过兴奋和抑制活动控制肌肉进行收缩和放松，神经系统发放冲动的频率、强度，传导速度的调整，直接关系肌肉收缩与放松的转换效率。通过专门的训练可以提高神经系统对肌肉的支配控制能力。

（二）肌纤维组成

肌纤维分为快肌纤维和慢肌纤维两种类型，具有不同的生理特性，见表 5-3。

快肌纤维力量大，疲劳快；慢肌纤维力量小，不易疲劳，可以持续工作。人体肌纤维类型比例，主要受遗传因素的影响，但后天训练因素可以改变其功能。研究显示优秀的短跑、跳跃项目运动员白肌纤维可达到 80%，优秀长跑选手的红肌纤维同样可以占到 80%，这一方面源于天赋；另一方面由于对长期训练的适应。训练促

进了白肌纤维中亚纤维类型的转变，使其具有典型的白肌纤维或红肌纤维特点。因此，速度、力量的负荷选择及引起的肌肉特性的改变对速度素质的发展起到极其重要的作用。

表 5-3　肌纤维分类及生理表现特点

类型		亚型		特征		
快肌（FT）	白肌	II	IIb	快缩白	快缩－糖酵解型	快缩糖酵解型
			IIc（IIab）	中间型，训练可以转变		
			IIa	快缩红	快缩－氧化－糖酵解型	快缩氧化糖酵解型
慢肌（ST）	红肌	I		慢缩红	慢缩－氧化型	慢缩氧化型

（三）能量供应系统供能能力

人体运动要消耗能量，通过能量供应系统不断地把能源物质运送到运动系统参与工作。根据运动强度和时间的不同，人体有选择地使用磷酸原系统、糖酵解系统和有氧代谢系统（表 5-4）。磷酸原系统供能迅速、短暂，仅能维持 10 秒左右；有氧代谢系统供能缓慢但持久，可以长达 1 小时，糖酵解系统处于中间，由于有乳酸堆积，引起机体疲劳，因此极限大强度的运动，乳酸系统供能维持在 1 分钟左右（有观点认为在 45 秒左右）。从需要上看，磷酸原系统和糖酵解系统供能能力的提高，是发展和维持速度能力的核心任务。科学的训练可以打通三个能量供应系统之间的联系，提高人体综合供能能力。

表 5-4　人体的三个能量供能系统

项目	磷酸原系统	糖酵解系统	有氧代谢系统
持续时间	0～10 秒	10 秒～1 分钟	1～60 分钟
距离	20～80 米	80～400 米	15～30 千米或持续跑

续表

项目	磷酸原系统	糖酵解系统	有氧代谢系统
强度	最大	80%～100%	50%～80%
重复次数	3～4	1～5	3～20
恢复／次间	2～3分钟	30秒～10分钟	30秒～3分钟
组数	1～4	1～4	1～4
恢复／组间	5～8分钟	5～20分钟	5～8分钟

（四）连续技术动作的合理性与协调性

评价技术的指标有时效性、经济性、合理性，好的运动技术能够三者兼顾，特别是对连续、持续的运动项目。动作放松、协调是动作经济性、时效性的前提，放松技术是建立在正确的移动动作技术之上的、合理的肌肉用力方式和节奏变化，是达到最佳运动成绩的经济高效的运动技术，受神经系统灵活性、心理素质、肌肉本体感觉、速度耐力等综合因素影响。如何在力量训练中提高肌肉的协调放松能力，提高中枢神经系统的灵活性是体能训练的重要方向。移动动作的技术、力量、速度是密切结合的，因此，在运动技术训练中必须糅合力量、速度的因素，而在力量、速度训练中必须充分体现专项动作技术的特征，做到力量、速度、技术的一体化综合。提高技术层次与体能水平密不可分。有什么样的体能水平在很大程度上决定了运动员的技术层次。短跑运动员下肢爆发力突出，大腿肌肉发达，就可以表现出前摆后扒迅速、触地时间短的优秀技术，否则会出现“坐着跑”“高抬腿跑”——向前性差的现象。网球运动员的体能、爆发力直接影响运动员的击球、回球、发球的动作效率。美国女篮队员由于爆发力突出，全部采用“跳投”技术，而其他国家不少队员只能采用“踮投”。只有不断提高体能水平，才能持续提高技术层次。

二、速度训练要点

速度按照对运动专项成绩的影响，可分为一般速度和专项速度。按不同的表现形式可分为反应速度、动作速度和位移速度。一般来说，运动员表现出来的速度素质都是这三种表现形式的综合体现，只是不同的项目中三者体现的比重和过程不同，既有所区别又相互联系。位移速度是由各单个动作和动作速率组合而成；反应速度又往往是动作速度和位移速度的开始，反应速度在运动时，即成为反应后的第一个动作速度。因此，在发展速度素质中，要考虑三者之间的关系，如在位移速度的训练中，提高反应速度是前提，而提高动作速度则是其基础。

良好的速度素质是掌握运动技能的重要前提，速度与力量的结合则构成速度力量，与耐力结合则构成速度耐力。速度在各个运动项目中的作用是由项目特点以及运动员本身的生理特征所决定的。因此，速度练习的性质、数量以及比例的安排要因项、因人而异。对于起直接决定因素的项目，如径赛项目来说，速度的最大化是整个训练的目的；而对于起间接作用的项目，如田赛项目、球类项目来说，速度的最优化是训练目的。因此，要结合项目的特点进行有针对性的训练，才能最大限度地发挥速度的作用。

（一）突出以爆发力为主的快速力量

作为一种极端的快速力量形式，爆发力是众多运动项目所重视的因素。从运动生物力学的观点看，爆发力 $P=Fv$，力量与速度都是影响因素。因此，在尽可能短的时间里，能够尽可能展示力量的能力，成为训练的重点。实践中组合训练（力量＋快速动作）、反应力训练、功率训练是提高快速力量的重要方法。

（二）合理发展三个供能系统

运动要消耗能量，不同的运动形式主要存在强度差异，对磷酸原系统、糖酵解系统、有氧代谢系统的依赖程度不同。要注意的是三个能量供应系统是一个完整、相通的体系，并不存在单独工作的现象，而是根据运动需要以某个系统为主。

从原理上来讲，有氧代谢系统是基础，有氧能力强不仅使运动员可以抵抗大负荷的训练，而且恢复快，可以更多地进行高强度的训练。磷酸原系统是能量供应的直接环节，但肌糖原、肝糖原的储备有限，在极限强度、无氧的状态下，10秒左右消耗殆尽，而要维持继续运动就要通过糖酵解系统供能。因此，糖酵解系统供能是整个能量供应系统的中间环节，是“连接性”供能系统（见表 5–5）。

表 5–5 不同运动负荷人体能量动员的顺序、代谢特点及对应体能关系

时间与运动强度	能量供应系统及比例	发展目的
短时间高强度	以磷酸原系统为主	爆发力、爆发速度、冲刺速度、力量耐力

续表

时间与运动强度	能量供应系统及比例	发展目的
短时间高强度	糖酵解功能很少	爆发力、爆发速度、冲刺速度、力量耐力
	糖氧化供能极少	
	脂肪、蛋白质分解供能几乎没有	
较长时间大强度	磷酸原系统较少	速度、速度耐力
	以糖酵解供能为主	
	糖氧化供能较少	
	脂肪、蛋白质分解供能极少	
长时间中小强度	磷酸原系统极少	有氧耐力
	糖酵解供能很少	
	以糖氧化供能为主	
	脂肪、蛋白质分解供能较多	

在竞技体育领域，各类项目的优秀运动员都表现出良好的持续对抗和连续比赛的能力，这与他们有着十分突出的糖酵解乳酸供能能力分不开。

（三）培养正确的技术动作与协调性

技术是竞技能力的重要组成部分，是运动员有效发挥体能的桥梁。如果没有符合生物力学要求和适应个人特点的技术动作，就不会有完美的表现。以短跑为例，100 米是高速向前的周期性运动，需要磷酸原系统供能，其核心技术是关节的前后摆动，通过“伸髋高摆扒地”技术产生高速位移。因此在短跑的快速力量练习中，尤其要突出关节的摆动能力，以及脚底和踝关节肌群的离心——向心收缩能力。传统的杠铃、跳跃练习很难对腿的高速摆动产生影响。

高速跑中的协调、放松能力也是关键因素之一。技术动作的合理性、实效性与人的协调性、灵敏性高度相关。协调能力是人体不同系统、不同部位、不同器官协同配合完成技术动作和战术活动的能力。协调能力的好坏直接影响技术、战术的形成和发展，作为一种复杂的生物活动能力，协调能力与速度、力量、耐力、柔韧等身体素质密切相关。10～12岁是人的协调性发展的敏感期（见表5–6），也是有效发展速度能力的“机会窗口”。

表5–6　素质发展的敏感期

素质	敏感期	素质	敏感期
平衡能力	6～8岁	节奏性	10～12岁
柔韧性	6～12岁	协调性	10～12岁
反应速度	7～12岁	速度	7～14岁
模仿能力	7～12岁	力量	13～17岁
灵敏性	10～12岁	耐力	16～18岁

协调性是灵敏素质的基础。灵敏素质指在各种突然变化的条件下，人体迅速准确、协调地改变身体运动的空间位置和运动方向，以适应外界环境变化的能力。灵敏素质是多数运动项目的专项能力，如球类项目、格斗对抗类项目等。灵敏素质的高低一般由平衡能力、速度、力量和协调能力决定。灵敏素质在7～12岁稳定提高，13～15岁时下降，然后又逐渐稳定提高，成熟期下降。

重视协调性、灵敏性发展，抓住敏感期，实施科学的训练，对正确技术的形成以及后期运动生涯中所能达到的高度有重要的作用。

（四）重视提高绝对速度

影响田径短跑成绩的因素有反应时、加速能力、最高速度、速度耐力，但其制胜因素是绝对速度和维持这种高速度的能力。我国男子短跑近几年取得了进步，但与世界级短跑运动员相比，还有一定差距。最主要的差距不是在起跑、加速能力上，而是在绝对速度上。

有绝对速度上的优势，同样会使运动员在其他项目中占据有利地位。网球运动员的绝对速度慢，在大角度来回的奔跑中就会落下风；篮球运动员的绝对速度慢，就很难跟上对方持续快速的进攻节奏。场地宽阔的足球项目对速度有更高的要求，不少世界级的优秀选手，都表现出远远高于一般选手的速度优势。所以现代足球不是传统意义上的技能类项目，而是以强大的体能为基础的技、战类项目。

球类项目运动员具备高速度能力具有下列意义：使运动员在专项活动中有速度优势，打出快速的攻防节奏，便于快速反击；利于在平时的训练中提高训练的强度；可以转化为良好的灵敏能力，利于迅速地摆脱和超越；使运动员在对抗中有一定的速度储备，减少能量的消耗。

（五）注意克服速度障碍

速度障碍是运动员在达到较高速度水平后，在一定阶段长时间停滞不前，甚至略有下降、不再提高的现象。在体育实践中，速度障碍在所有表现速度的动作中都有表现，而不仅仅是表现在跑的速度方面。这主要是由于跑速达到一定水平时，形成了相对固定的动作模式和习惯的步频、步幅、节奏，技术上达到相对稳定的状态，并在神经中枢形成了动力定型。

对于这种情况，教练员要及时调整训练思路，改变一贯的训练方法、负荷、要求；手段要多样化，尤其要注意使用阻力、助力的手段，如上、下坡跑，牵引跑等，打好基本技术基础，突破障碍瓶颈。在此之前，应强化完成动作的肌群，提高力量和弹性。注意采用结构相同、相似的动作提高速度，因为在结构不同的动作中获得的速度是很难相互转移的。

第三节　高校学生速度训练的方法

速度训练的效果与采用的方法与手段有关。但方法与手段众多，千变万化，最重要的是要根据运动员的需要、专项需要和任务需要，选择练习内容。可以把训练方法与手段分为主要和辅助性两类，根据需要，有序地穿插安排在一年的不同训练阶段中。下面根据速度的类型介绍训练方法。

一、反应速度训练

（一）简单反应速度训练方法

1. 完整练习

对已经掌握的单一动作或成套动作反复强化练习，强调对突然出现的信号或突然改变的信号做出快速完整的应答反应，例如：反复完成蹲踞式起跑；根据特定信号按要求改变动作方向；对已知对手的动作做出不同的系列反应；对快速运动目标迅速做出完整反应；等等。

2. 分解练习

把完整动作分成若干环节，就某一环节进行单独练习，如进行蹲踞式起跑时，对不同姿势进行反应训练，逐步过渡到正常姿势的起跑练习；再如向前、后、左、右的转身跑，可以重点强化转身动作。

3. 变换练习

①改变信号刺激形式：使用视觉、听觉、触觉等。

②改变应答方式：反口令或有专门的要求。

利用变换练习，既能有效地提高人体各感觉器官的功能，缩短简单反应速度训练的时间，又能提高练习的积极性和训练效果，增加技能储备。

4. 运动感觉练习

跑的项目（动作）：按规定的时间要求跑完一定的距离，反复对照，运动员能较准确地判断运动时间的变化。

投掷项目（动作）：让运动员投出规定的距离（不是最大用力），反复练习可以找到肌肉用力的感觉，提高神经对肌肉的精细控制能力。

（二）复杂反应速度训练方法

1. 移动目标练习

移动目标练习一般经历四个阶段：感知—判断—选择方案—完成动作。要注意移动目标在位置、方向、速度、轨迹等方面的变化，反复练习。同时有意识地增加外部变化因素，如增加移动目标的数量、增加人为干扰或加强对抗等。

2. 选择动作练习

专项比赛情况复杂，只有增加反应过程中的选择面和难度，才能提高中枢神经系统的分析辨别能力，缩短反应时间。同时在练习中引导运动员根据对手传达的信息，合理预判，提高反应、行动能力。

（三）具体训练手段

变向起跑。背向蹲立，听到信号后迅速转体成蹲踞式起跑，冲跑20～30米。要求转体动作迅速，起跑符合技术规范。

动作反应练习。练习前告诉运动员如下动作系列，如蹲下、起立、手触地跳起等动作。可任喊其中一个动作，要求运动员做出相对应的动作，在原地或是行进间进行。

手抓网球。站立，持球手臂前平举，手心向下，然后手指张开开始使球自由下落，不等球落地再用手掌朝下抓住球。连续进行，左右手交替重复练习。

左右跳＋高抬腿＋小碎步＋冲刺跑。如原地左右跳 8 次，接原地高抬腿跑 12 次，接碎步跑 5 秒，然后加速跑；或听口令转换动作。

俯撑起跑，接后蹬跑，接冲刺跑。两手撑地，两腿伸直成俯卧姿势。听信号后迅速起跑，然后做快速后蹬跑 20 米，跑到标志线处，紧接着做冲刺跑 30 米。注意不同动作的衔接要迅速。

二、动作速度训练

（一）动作速度训练方法

1. 利用助力练习

通过减轻负荷，或者在人或自然条件的帮助下有意识地加快动作，如为提高双腿起跳速度，可以上跳时下拉横杆以减轻阻力；或者投掷轻器械，提高出手速度；在一些动作中通过教练只用手给予助力；利用合适的下坡进行跑速训练等。

2. 利用后效作用练习

通过先负重较大阻力进行练习，激发、动员更多的运动单位参与工作，在中枢神经系统中产生痕迹效应，然后利用后效作用，进行正常负重或较轻负荷练习，如深蹲练习后紧接快速跳跃练习，或先投掷重器械后投掷轻器械等。负重练习与动作练习之间的时间应尽可能缩短，以免后效作用下降。

3. 加大难度练习

加大难度练习是指和利用助力练习相反，加大负荷和难度进行练习，如在铅球滑步练习中，先站在适当高的木板上，跳下后紧接滑步；投、摆重的实心球时用弹力带给予阻力等。

（二）具体训练手段

起跳快速转体：三步助跑接起跳，摆动腿屈膝上摆，空中转体 180～360 度，起跳腿落地。要求起跳、转体速度越快越好，转体时躯干保持正直，左右交替进行。

单杠弧形摆下：在单杠上做支撑，上体后倒，做正撑弧形前摆转体 180 度跳下。要求前摆转体速度越快越好。

向后单足跳：站立，两臂前平举，向后做快速单足跳 10 米，放松走回。要求跳动时由摆动腿发力，动作频率越快越好。

小场地练习：在球类练习中，利用小场地，缩小练习空间，加快动作速度。

协调绳练习：利用协调绳做各种快速的步法练习动作，可以有效地提高动作速度和动作频率，也是训练灵敏、协调素质的常用方法，关键在于变化。

变化重量的小实心球的挥摆练习：挥摆重量不等的小实心球，可用双手进行；强调爆发式用力，姿势可以变化，如跪姿、坐姿等。

夹球跳传：用脚夹住球或沙袋，双脚跳起，传给对方或规定距离、位置，既可以提高前摆速度，也可以提高神经控制能力（准确性）。

三、移动速度训练

项目间的差异决定了移动速度训练的差异性。跑、游泳、自行车、划船、滑雪等周期性项目的移动速度训练，以各种周期性动作方式为主，结合少量变向、变速的练习。球类等项目二者要兼顾，要安排大量的变速、变向练习，同时结合专项（球）进行各种移动练习，更有助于提高专项体能。

（一）变向练习

三角移动：地上摆三个相距 5～10 米的标志物成三角形，以各种步法在三角线上进行变速、变向的移动，可以起到提高速度和灵敏性的双重效果。

长短往返跑：摆四个标志物成一直线，相距 3～5 米，从第一个标志物起跑，依次触碰第二、第三、第四个标志物，并回到起点，往返练习。

摸球台移动：乒乓球运动员常用这种练习方式，可以利用一张球台的两个台角进行，也可以在两张球台间进行。听信号后，用各种步法移动，往返触碰球台角。

后退跑＋转身冲跑：背对前进方向，听信号后退约 20 米，见到标志物转身冲跑 20～30 米。其他步法类似。

（二）重复跑和间歇跑

1. 速度性练习

以 85%～100% 的强度，进行 30～150 米的反复跑，间歇时间充分，以速度没有明显下降为宜，主要用于发展绝对速度。采用间歇跑的方式（间歇不充分），可以发展高强度速度耐力。

2. 速度耐力性练习

距离主要以 200～600 米为主，强度通常在 75%～90%。通常采用间歇跑的方式，发展混合供能能力。间歇时脉搏下降到 120 次 / 分以下（20 次 /10 秒），就可以开始下一次练习。

3. 接力练习

进行接力比赛，距离主要以 200～600 米为主，可以提高对抗性和训练效果，同时也使练习的趣味性得以增强。

4. 组合跑练习

组合跑练习的方式很多，应根据需要灵活安排。这类练习的距离、次数、组数要根据实际情况和训练任务确定。

（三）结合专项进行练习

1. 篮球

主要方法有运球追逐；运球“8”字接力等。

2. 足球

主要方法有双人三角或四角传球；蛇形跑＋冲跑射门等。

第六章　高校学生体能训练之耐力训练

本章主要对高校学生体能训练之耐力训练进行介绍，主要从以下四个方面展开阐述，分别是高校学生耐力训练概述，高校学生耐力训练的影响因素，高校学生耐力训练的原则、具体安排与方法，高校学生耐力训练的测量与评价。

第一节　高校学生耐力训练概述

一、耐力的概念

耐力是人的体力活动水平的基本体现，人的日常活动形式绝大部分时间是耐力性的体力活动，每日体力活动能量最终源于有氧供能。对运动员而言，耐力是其运动能力的基本表现，人体运动能力不仅表现在其运动强度的大小上，还表现在其运动的持久性上。耐力是体能的重要构成，是力量、速度、柔韧等其他体能要素的基础。因此，强大的耐力能力是运动员拥有良好体能的重要保证。

耐力是运动能力的构成之一，是一种重要的体能。它是指人体能进行长时间肌肉工作的能力，也称为抗疲劳能力或持久力。

二、耐力素质的分类

耐力素质按不同的属性有很多的分类方法和命名（见表 6–1）。

表 6–1　耐力素质的分类

耐力素质的分类属性	类别
按运动时表现的外部特征划分	速度耐力、力量耐力、静力耐力

续表

耐力素质的分类属性	类别
按运动时所涉及的主要器官划分	心肺耐力（呼吸循环系统耐力）、肌肉耐力、神经耐力、全身耐力
按运动时专项性质划分	一般耐力、专项耐力
按运动时能量提供的特点划分	有氧耐力、无氧耐力

下面仅就众多耐力素质中的有氧耐力进行详细阐述。有氧耐力是指人体进行长时间以有氧代谢供能为主的运动的身体能力。人参与绝大多数运动项目都需要耐力，一些较长时间的运动项目如长跑、长距离游泳、各种球类等都主要以有氧代谢供能为主，而一些中短距离的运动项目如400米跑、800米跑、100米游泳等有氧耐力也起一定的作用。

有氧耐力与有氧能力。有氧耐力常常与其他概念名词相互混用。有氧耐力有时也被称为有氧能力。有氧能力是指机体在有氧气的参与下产生能量供应而完成工作的能力。因此，有氧耐力和有氧能力的含义是完全相同的，只是在不同语境下出现不同的表述。

有氧耐力与心肺耐力。有时我们将有氧耐力与心肺耐力不加区分地使用，事实上两者的含义也没有太大的区别。如果从严格意义上讲，有氧耐力概念的外延更广，它既包括心肺耐力，也包括肌肉耐力，因为有氧能力是由心肺有氧能力和肌肉有氧能力共同构成的。心肺耐力是一种传统的说法，心肺耐力通常就是指有氧耐力。可以说狭义的有氧耐力就是心肺耐力，广义的心肺耐力就是有氧耐力。

三、耐力训练的意义

有氧代谢在人类的机能中起着至关重要的作用，它是所有运动的基础，是运动后恢复的关键。有氧代谢比无氧代谢产生更多的ATP，并使用脂肪、碳水化合物和蛋白质作为产生ATP的燃料来源。许多长时间持续性的运动需要耐力，许多既需要有氧又需要无氧代谢的混氧项目也需要耐力。例如，足球、篮球、曲棍球、冰上曲棍球伴随着冲刺和力量的爆发，需持续不断地运动，适当调节有氧代谢供能系统对于运动员维持这样的运动至关重要。

（一）耐力素质是最基本的健康素质

进行耐力训练，能促使人体生理机能发生变化，见表 6–2。

表 6–2　进行耐力训练后人体生理机能的变化

人体组织或成分	变量	影响
肌纤维	体积	无变化或微增
	密度	增加
	线粒体密度	增加
肌原纤维	密度	无变化
	体积	无变化
	基质密度	无变化
	肌球蛋白重链重组蛋白	无变化或下降
酶活性	磷酸肌酸激酶	增加
	肌激酶	增加
	磷酸果糖激酶	多变
	乳酸脱氢酶	多变
	钠钾 ATP 酶	微增
代谢能量储备	ATP	增加
	磷酸肌酸	增加
	糖原	增加
	甘油三酯	增加
结缔组织	韧带强度	增加
	肌腱强度	增加
	胶原含量	多变
	骨密度	无变化或增加

续表

人体组织或成分	变量	影响
身体成分	体脂百分比	下降
	去脂体重	不变

（二）耐力素质是人体的基本运动素质

耐力素质在超长跑、中长跑、长距离游泳、自行车、滑冰、滑雪、划船等周期性运动项目中的意义是不言而喻的。耐力素质对其他较长持续时间的运动项目，如摔跤、柔道等非周期性项目也有重要意义。耐力训练对人体的运动能力也有影响（见表6–3）。

表6–3　耐力训练对人体运动能力的影响

运动能力	影响
肌肉力量	无变化
肌肉耐力	增加
有氧能力	增加
力量生成速率	无变化或下降
纵跳	无变化
无氧能力	无变化
冲刺速度	无变化

（三）耐力是能量维持的基础

人体每日能量的消耗主要是各种长时间持续的低强度的体力活动的能量消耗。通过长时间持续的重复性的耐力运动训练，人体的有氧供能能力得到了锻炼，人体对于大能量消耗与补充的适应能力逐步增强，因此耐力运动训练能很好地保证人体的能量供应。

（四）耐力是恢复的关键

运动后恢复是保持健康、防止运动伤病和提高运动能力的关键手段。运动后身体机能的恢复受多种因素影响，包括运动前身体机能的状况，运动中的训练强度、运动量大小、运动方式，运动后的恢复手段等。保持良好的机能状态是非常重要的，长期的耐力训练对于保持良好的人体机能状态具有重要的作用。

第二节　高校学生耐力训练的影响因素

一、生理基础的影响

人体的结构机能、遗传基因、训练和营养构成了耐力运动的物质结构基础。

（一）能量基础的影响

耐力是指长时间的运动能力，虽然耐力运动的能量输出功率低，但由于持续时间长，最终需要消耗的总能量多。对于耐力运动来说，人体要具备一定的能量总量和较高的能量输出功率。对于竞技运动来说，对能量的要求最关键的还是在于其高功率输出。如对于相同体重的马拉松选手而言，完成马拉松全程所需要的总能量大致相同，但优秀选手所用时间更短、跑得更快，其能量输出功率就会更高。提高有氧耐力的输出功率，需要进行耐力训练，也与营养等物质基础有关。

（二）物质基础的影响

有氧耐力所需的大量能量要靠体内的能源物质进行有氧氧化分解来提供。有氧氧化的底物有两类：一类是糖、脂肪、蛋白质；另一类是氧气。两者在体内燃烧就会产生能量。

糖、脂肪、蛋白质被称为能量物质，而能量物质的水平高低影响能量释放。特别是糖水平更为重要，相比脂肪和蛋白质，它的供能特点为效率高，氧气消耗量相对较少，代谢时产生的代谢产物可及时排出体外，不致在体内堆积，对身体产生不利影响。机体内糖主要存在于肌肉中，被称作肌糖原。所以，肌肉中糖原含量越高，有氧供能的潜力就越大。肌糖原是肌肉进行有氧代谢的主要供能物质，虽然脂肪、蛋白质也参与耐力运动的供能，但由于脂肪氧化供能时氧气消耗量大、代谢产物堆积等因素，容易使身体疲劳。蛋白质的主要功能是参与构成细胞结构、调节生理功能，其分解供能并不是主要的功能，只有在糖、脂肪等供能不足时才参与供能。

氧气也是有氧代谢供能的底物，糖、脂肪、蛋白质等能源物质通过有氧氧化途径供能时需要有氧气的参与。由于体内糖、脂肪、蛋白质一般含量较多，因此氧气的供应往往成为有氧供能的限制性因素。肌肉中氧气供应充足与否是决定有氧供能功率大小的关键，而骨骼肌氧气供应状况与心肺、血液、骨骼肌的机能状况紧密相练。

除了有氧代谢的底物如糖、脂肪、蛋白质等能源物质和氧气外，在有氧代谢反应过程中还需要有相应酶的参与，这些氧化酶的活性直接影响有氧氧化过程，从而影响有氧氧化供能能量的产生，这些氧化酶是有氧氧化代谢的调节物质。这些酶的活性主要受体内激素的调节，与营养、年龄、性别、机能状况有关，受到运动训练的影响。

（三）人体结构和机能基础的影响

1．心肺机能

心肺机能是有氧耐力的决定因素之一。氧的供应受心、肺、骨骼肌机能的影响。心肺机能主要涉及肺的通气功能、血液的载氧能力、心脏的射血能力。

①肺的通气功能。从呼吸系统看，肺的通气量越大，吸入体内的氧气就越多。在体育锻炼中采用深呼吸的方法，可有效地提高呼吸效率，增加肺的有效气体交换量。

②血液的载氧能力。吸入肺内的氧气是通过血液中的血红蛋白运送到各组织细胞的，在生理范围内，血液中血红蛋白的含量越高，其携带氧气的能力就越强。如果人体中血红蛋白含量下降 10%，就会明显影响有氧耐力。

③心脏的射血能力。心脏的射血能力是血液循环的动力，单位时间内，心脏射出的血量越多，运送氧气的能力越强。体育锻炼中影响心脏射血量的主要因素是心肌收缩力量和心室容积的大小。在进行体育锻炼时，心脏收缩力量越大，心脏的射血能力就越强。

2．骨骼肌机能

肌肉组织利用氧的能力也是影响有氧耐力的因素。肌肉组织的有氧代谢能力与其自身的结构组成和功能有关。

①有氧代谢酶活性。有氧代谢酶活性高，利用氧气的能力强，机体的有氧代谢能力就高。

②肌纤维类型。肌肉组织的有氧代谢能力也与肌纤维类型密切相关，肌肉中慢肌纤维含量占比高，有氧代谢能力就强。

因此心肺机能和骨骼肌的有氧代谢能力是影响人体有氧耐力非常重要的因素。

3. 神经调节机能

大脑皮质神经功能的稳定性，以及大脑神经中枢之间的协调性和神经对肌肉的控制能力是影响有氧耐力的因素。神经调节机能水平提高对耐力的促进作用表现为：

①大脑皮层神经细胞对刺激的耐受力提高和神经过程的稳定性增强，能改善各中枢间的协调关系。

②神经调节机能水平提高能促使各肌群（主动肌、对抗肌、协调肌）之间互相配合。

4. 最大摄氧量

最大摄氧量（$V_{O_{2max}}$）指人体在进行有大量肌肉群参加的长时间剧烈运动中，当心肺机能和肌肉利用氧的能力达到本人极限水平时，单位时间内所能摄取的氧量。

最大摄氧量是评定人体有氧工作能力的重要指标之一。其值一般为：男子绝对值为 3.0～3.5 升 / 分钟、相对值为 50～55 毫升 / 千克 / 分钟；女子绝对值为 2.0～2.5 升 / 分钟，相对值为 40～45 毫升 / 千克 / 分钟。

影响最大摄氧量的因素有：

①氧运输系统。

②肌组织利用能力。

③遗传等其他因素。

5. 乳酸阈强度

乳酸阈强度也是判断有氧耐力的一个主要指标。在渐增负荷运动中，血乳酸浓度随运动负荷的递增而增加，当运动强度达到某一负荷时，血乳酸浓度会急剧增加。血乳酸浓度出现急剧增加的拐点称为“乳酸阈”，其所对应的运动强度即乳酸阈强度。

乳酸阈是指机体内的代谢方式由以有氧代谢为主过渡到以无氧代谢为主的临界点或转折点。

最大摄氧量和乳酸阈都可以用以评定人体的最大有氧耐力，最大摄氧量反映了人体在运动时所摄取的最大氧量，乳酸阈则反映了递增负荷运动时刚引起乳酸堆积时所需要的最大摄氧量利用率。两者反映的是不同的生理机制，前者主要反映心肺功能，后者主要反映骨骼肌的代谢。

许多研究已经证明，通过系统训练提高最大摄氧量的可能性较小，它主要受遗传因素的制约。而乳酸阈受遗传因素的制约较少，其可训练性较大，训练可大幅度提高运动员的乳酸阈值。显然，以最大摄氧量来评定人体的最大有氧耐力是有限的，将乳酸阈值的提高作为评定人体的有氧耐力的标准在实践中的意义将更大。

因此，最大摄氧量、肌纤维类型、肌糖原水平、有氧氧化酶的活性等因素是影响有氧耐力的关键因素。

二、其他影响因素

有氧耐力受到运动训练、营养状况、遗传等因素的影响，如图 6-1 所示。

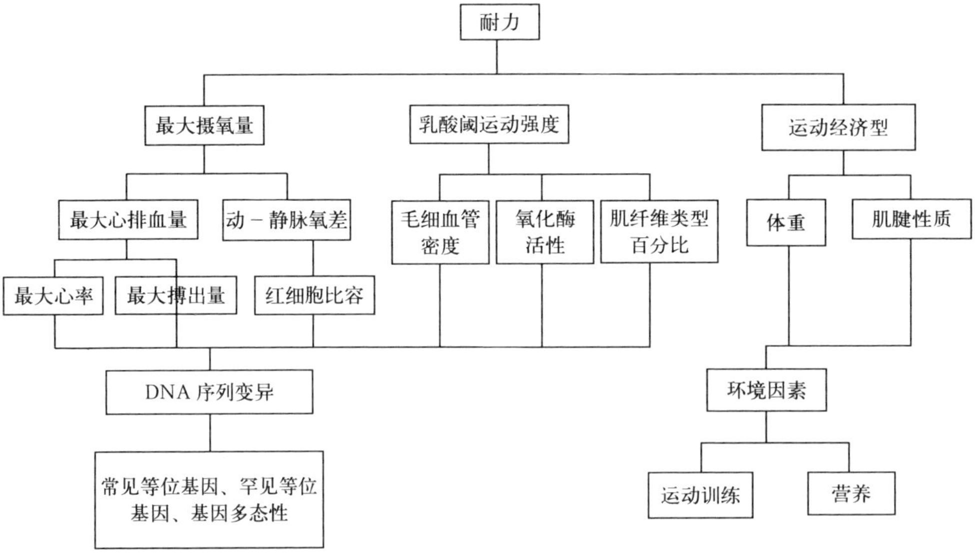

图 6-1　影响耐力的运动训练、营养状况、遗传等因素

（一）运动训练的影响

影响心肺结构和机能；影响骨骼肌结构和机能；影响血液的携氧能力；影响营养摄入消化吸收；影响神经、激素的调节。

（二）营养状况的影响

营养状况对有氧耐力有很大的影响：

糖的营养有助于运动后肌糖原的恢复；

维生素、水、无机盐的营养有助于运动后水、盐的平衡；

蛋白质的营养有助于运动后蛋白消耗的补充。

（三）遗传的影响

遗传影响耐力，包括肌纤维类型、最大摄氧量等影响耐力的各种因素。

第三节　高校学生耐力训练的原则、具体安排与方法

一、高校学生耐力训练的原则

下面仅就众多耐力素质中的心肺耐力进行详细阐述。心肺耐力是指在剧烈而长时间的运动或工作期间运送和利用氧气的能力。通过 $V_{O_{2max}}$ 可以评估心肺耐力。心肺耐力可以通过运动训练得到提高，但是运动训练需要按照一定的模式进行才能获得相应的效果。下面讨论改善心肺耐力的一些基本训练原则。

（一）特异性

有许多提高心肺耐力的运动训练方式。任何涉及大肌肉群并持续较长时间的活动都有可能增强心肺功能的适应性，包括健身操、骑自行车、越野滑雪、各种形式的跳舞、慢跑、溜冰、划船、游泳和散步等运动模式。涉及高能量、不间断动作的运动，如曲棍球和足球，也可以对心血管系统产生积极影响。尽管有许多方法可以改善心血管功能，但是仍然存在具有较佳效果的训练模式。例如，游泳训练在游泳方面的提高远胜于跑步对游泳能力的提高，骑自行车训练在自行车方面的提高胜于跑步对自行车运动能力的提高。

采用的训练模式要具有特异性。在应用这一原则时注意两点：一是要确定它

是否有效，其判断应该是对所采用的训练方式的效果进行测试；二是训练目的是参加体育竞赛还是健身或康复。对于竞技运动员而言，训练模式具有特异性更重要。例如，对于赛艇运动员，最好的训练方式是在开放水域上进行比赛训练或者是在室内测功仪上进行训练，而不是进行跑步训练。跑步虽然是许多运动项目的基础，但它只是对田径等项目而言具有专门性。除了考虑特异性原则，还可以进行交叉训练。此处所说的交叉训练是指通过交替或同时进行两种或多种方式的训练来发展心肺耐力。两类运动员适宜采用交叉训练。一类是，受伤的运动员，尤其是那些长距离跑的运动员，可以防止停训或失训。另一类是，参加两项以上比赛的运动员，如冬季两项和铁人三项，需要在每项中采用交叉训练进行训练的调节。

（二）超负荷

通过控制训练周期的强度、持续时间等，实现超负荷训练，使心血管系统产生更大的反应。

1. 强度

通常，$V_{O_{2max}}$的增加与训练的运动强度呈正相关。随着运动强度的增大，$V_{O_{2max}}$也随之增加。在训练中，$V_{O_{2max}}$增加发生在运动强度为$V_{O_{2max}}$的 90%～100% 时。如此高强度的训练，可以通过间隔训练来实现。在大于 100% 的运动水平（超最大运动量）下，可减少训练总量。

运动强度可以用心率、耗氧量或感知疲劳等级进行描述。实验室通常使用$V_{O_{2max}}$百分比来确定强度，但是心率和感知疲劳等级对于实验室外的个人更为实用。训练中运动强度对$V_{O_{2max}}$是非常重要的，它可以单独改变$V_{O_{2max}}$，也可以与持续时间结合共同改变$V_{O_{2max}}$。

在实验室环境中，已对个人的$V_{O_{2max}}$进行了测试，并且在训练过程中可以使用设备监视$V_{O_{2max}}$，可用于规定运动强度。

在规定运动强度时，要考虑以下因素：

①运动强度通常应给定在一定范围内。许多运动项目在整个比赛期间会有不同程度的费力，某一时段可能轻松些，某一时段可能费力些。例如，长跑和骑自行车等比赛，其中地形坡度的变化会极大地影响运动强度或费力程度。

②考虑运动强度时必须考虑持续时间和频率。不考虑持续时间就不能确定运动强度。运动强度与持续时间这两个变量成反比。通常活动越激烈，活动持续时

间越短。适当的运动强度还取决于个人的体能水平，并在一定程度上取决于其运动训练方案各阶段的目标。运动初期，应以低运动强度进行训练，然后再逐步增加运动强度，直至达到理想水平。

③使用心率或感知的努力来监控训练，还要考虑到天气、地理环境的影响。

2. 持续时间

如果持续运动 15～45 分钟，则可以更好地增加$V_{O_{2max}}$。与时间较短的训练课（15～25 或 25～35 分钟）相比，较长时间的训练（35～45 分钟）效果会更好。与时间短（25～35 分钟）且强度非常大的训练相比，时间长（35～45 分钟）且强度中等的训练（50%～90%）可更好地增加$V_{O_{2max}}$。

（三）个性化

应针对参与者制订个性化的耐力训练计划。不同的个体有不同的训练目标，个体对运动的反应和适应也有所不同。影响个体对运动的反应的因素有两个：一是遗传学因素，二是初始体能水平。

研究表明，$V_{O_{2max}}$最大限度地增加发生在初始水平最低的个体中，而与频率、强度或持续时间无关。因此，$V_{O_{2max}}$的绝对值和相对值都与一个人的初始体能和健康水平成反比。

（四）休息、恢复、适应

训练计划可以分为初始阶段、改善阶段和维护阶段。

初始阶段个体之间差异很大，通常持续 1～6 周。此阶段应包括低水平的有氧运动，以减少肌肉酸痛或不适。通常，应以低于理想运动范围（心率储备的 40%～59%）的强度开始运动。有氧运动应该持续至少 10 分钟，并在最初的 4～6 周内每 1～2 周逐渐增加 5～10 分钟。在改善阶段，生理机能出现重大变化，表明身体正在适应训练负荷的刺激。当以更少的时间完成相同或更多的训练量，都表示机体对运动负荷产生了适应。

一旦身体适应了运动负荷，就进入维护阶段，需要渐增负荷来诱发其进一步适应，或者需要维持才能保持适应。

（五）渐增负荷

在运动训练中，一旦机体产生适应，就必须增加负荷量以便进一步提高机能水平。可以通过控制锻炼的频率、强度和持续时间来增加负荷量。增加这些变量中的任何一个都会有效地增加运动负荷量，从而提供进一步适应所需的超负荷。负荷渐增的速度取决于个人的需求或目标、健身水平、健康状况、运动耐力和年龄，但应在机体恢复后 2～3 周分阶段渐增负荷。

在训练中，改善阶段通常应为 4～8 个月，其特点是进展相对较快。对于低健身水平的人，首先可以进行间断训练，再发展为持续性训练。然后，增加运动的持续时间。在完成 20～30 分钟的中度至剧烈强度活动之前，持续时间的增加每周不应超过 20%，此后每周应增加 10%。再后可以增加频率。强度增加应该放在最后。

适应和渐增负荷的原则是交织在一起的。适应和渐增负荷可以反复重复，直到达到理想的体能水平或运动表现。每次修改运动方案时，都会有一段适应期，如果需要的话，可以进行进一步的适应。

（六）维持

在运动训练中，若进入维持阶段，则表明健身者或运动员已达到个人可接受的心肺功能水平，不会再增加训练负荷。

在达到所需的有氧运动水平之后，只要保持一定的运动强度，就可以相同的运动量继续运动来保持该体能水平。研究表明，运动强度对于维持心肺耐力最重要，而总运动量对于提高心肺耐力最重要。也就是说，一般而言，与保持心肺耐力的训练结果相比，改善心肺功能需要更多的运动量。

（七）热身和整理

在正式锻炼之前，应先进行 5～15 分钟的中低强度的热身训练。热身的强度应逐渐增加，直到达到所需的训练强度为止。热身运动能够改善心血管功能，能够增加骨骼肌的血流量、增加心肌供血等。

在运动训练结束后，应进行 5～15 分钟的中等强度至低强度运动的整理，可以减少运动后低血压和心律不齐的风险。

二、高校学生耐力训练的具体安排

（一）设定目标

利用心肺健康评估测试的结果为心肺耐力计划设定特定的氧气消耗目标。目标不能过高或过低。

通过耐力训练，一个人也许可以将最大耗氧量 $V_{O_{2max}}$ 提高 10%～30%。可能的提高量取决于遗传学、年龄、健康状况和初始适应水平。身体运动能力较差的人通过进行耐力训练，可以比专业运动员提高更大的百分比，因为后者已经处于更高的健身水平，这可能接近其遗传上的生理极限。

此外，还可以设置其他类型的目标。例如，对于散步、慢跑或骑自行车等运动项目可以设定一个时间或距离目标：一次跑步 8 千米，在 28 分钟内完成 6.5 千米跑步，或者每周总共骑 56 千米，或每周进行 150 分钟中等强度的体育锻炼。

（二）确定训练要素

1. 训练频率

训练频率是指每天或每周进行的训练次数。训练的频率取决于运动强度和持续时间、运动员的训练状态以及运动季节。若运动强度较大、持续时间较长，则需要减少训练频率，以使运动员在运动过程中充分恢复。运动员的训练状态会影响训练频率，与训练有素的运动员相比，训练较少的运动员在训练期开始时需要更多的恢复时间。运动员当前所在的运动季节也会影响训练频率，淡季可以制订每周 5 天的训练计划，但在季前赛中需要提高训练频率，进行日常锻炼（对于铁人三项运动员甚至每天进行多次锻炼）。此外，维持生理功能或机能达到的水平所需的训练次数要比最初达到该水平所需的训练次数少。适当的训练频率对于有氧耐力运动员很重要，如果训练次数过多，可能会增加受伤、生病或过度训练的风险。多项研究表明，每周训练次数超过 5 次，会增加受伤的风险。

经过 7 次训练的健康男性，每隔一天训练两次，而不是每天一次，经过 10 周的训练，其疲劳时间、静息肌糖原浓度和柠檬酸合酶活性增加。在糖原耗竭状态下的训练可以通过增加某些负责训练适应的基因的转录和转录速率来改善糖原的再合成。但是，教练和从业人员不一定必须使用这些结果来指导实践，因为低糖原浓度可能会缩短运动员训练的时间，并可能增加过度训练的风险。这就是监视训练负荷对运动员的影响很重要的原因之一。

训练频率也取决于恢复情况，如果运动员要从训练中获得最大收益，则从各个训练中恢复至关重要。在进行高强度或长时间的训练后，放松和避免剧烈的运动尤为重要。运动后摄入足够的水分对于补充训练中丢失的水分很重要。如果训练时间特别长或运动剧烈，那么运动后碳水化合物的摄入对于替换可能已经耗尽的肌肉和肝糖原储备非常重要。

每周至少进行 150 分钟的中等强度的体育锻炼（或每周至少 75 分钟的剧烈体育锻炼）足以促进健康。大多数专家建议人们每周锻炼 3～5 天以增强心肺耐力。

2. 训练强度

强度是增强有氧适应性的重要因素。训练者必须进行足够激烈的运动以向身体施加压力，以改善健康状况。以下介绍四种监测运动强度的方法，训练者要选择最适合自己的训练方法。确保根据环境或个人因素对强度水平进行调整，如在炎热的天气或生病后的第一天，应该降低强度。

（1）靶心率

确定心肺耐力训练强度的最佳方法之一是测量心率。靶心率（*THR*）是指最适应的心肺耐力训练强度的心率范围。

靶心率需要保持在最大心率的 65%～90%。计算步骤如下：

①确定最大心率（*MHR*）。

直接估算法：最大心率 =220－年龄。

实验室测定：通过在固定脚踏车、跑步机上以最大强度运动，内置心率监测器测定心率。除非身体健康并且习惯剧烈运动，否则不建议使用此方法。

②确定靶心率。

靶心率＝最大心率 ×（65%～90%）

一般最大心率的 55% 为有氧耐力训练的最低心率阈值。

计算靶心率的另一种方法是使用储备心率。

储备心率（*HRR*）是指最大心率与静息心率之间的差。

储备心率＝最大心率－静息心率

靶心率＝静息心率＋储备心率 ×（50%～85%）

如果以前久坐不动，请在目标心率区的下限（最大心率的 65% 或心率储备的 50%）锻炼至少 4～6 周。

对于运动能力较差的人，较低的训练强度（最大心率的 55%～64% 或心率储备的 40%～49%）可能足以实现最大耗氧量的提高，尤其是在开始锻炼时。最高平均心率的 70%～85% 的强度适合平均健康水平的人。$V_{O_{2max}}$ 与 *HRR*、*MHR* 的关系如表 6-4 所示。

表 6-4　$V_{O_{2max}}$ 与 *HRR*、*MHR* 的关系

$V_{O_{2max}}$ /%	*HRR*/%	*MHR*/%
50	50	66
55	55	70
60	60	74
65	65	77
70	70	81
75	75	85
80	80	88
85	85	92
90	90	96
95	95	98
100	100	100

通过监视训练者的心率，训练者将始终知道自己是否在努力改善、不够努力或过于努力。随着训练的进行和健康水平的提高，训练者需要慢跑、骑自行车或步行才能达到目标心率区。在运动过程中监控心率时，要在停止运动后立即使用心率监测器或对脉搏进行计数。计数心跳 15 秒，然后将该数字乘以 4，以查看自己的心率是否在目标区域内。

（2）代谢当量

科学家使用代谢当量来衡量一项运动的新陈代谢成本。*RMR* 代表人体的静息代谢率，即人体静息的能量或卡路里需求。运动强度以休息的倍数表示代谢速率。例如，2*METs* 的运动强度是静止代谢率的两倍。

METs 用于描述职业活动和锻炼计划的运动强度。小于 3～4 *METs* 的运动强度被认为很低。家务和大多数工业工作都属于此类。在这些强度下进行锻炼并不能提高大多数人的健康水平，但可以提高身体素质低的人的健康水平。

将新陈代谢提高 3～7 *METs* 的活动被归为中等强度运动，适合大多数开始制订运动计划的人。剧烈运动可使新陈代谢速率提高 8～12 *METs*，快速跑步或骑自行车等激烈的运动都可以归为此类。各种活动的 *METs* 等级如表 6–5 所示。

表 6–5 各种活动的代谢当量等级

各种活动	*METs*
静卧或静坐	1.0
平地走路（速度 <3.2 千米 / 小时）	2.0
平地走路（3.2 千米 / 小时）	2.5
力量运动（轻微用力）、平地走路（4 千米 / 小时）	3.0
平地走路（4.5～5.2 米 / 小时）、健美操、家庭劳动（轻微用力）	3.5
平地走路（5.6 千米 / 小时）	4.3
爬楼梯	4.8
有氧舞蹈、平地走路（4.5～5.2 千米 / 小时）、椭圆机训练	5.0
有氧台阶练习（台阶高 10 厘米）	5.5
自由泳（轻到中）	5.8
户外自行车（16.1～19.2 千米 / 小时）	6.0
平地走路（7.2 千米 / 小时）	6.3
固定健身单车（90～100 瓦，轻微用力）	6.8
打网球（100 瓦）	7.0
网球单打、户外自行车（21 千米 / 小时）	8.0
有氧踏板操（踏板高 15～20 厘米）	8.5
越野滑雪（10 千米 / 小时）、户外自行车（24 千米 / 小时）	9.0
跑步（9.7 千米 / 小时）	10
固定健身单车（200 瓦，强力）	10.5
自由泳（快速 70 米 / 分钟）、跑步 10.8 千米 / 小时	11.0
跑步（11.3 千米 / 小时）	11.5

续表

各种活动	*METs*
户外自行车（28 千米 / 小时）；划船器（200 瓦，强力）	12.0
跑步（12.1 千米 / 小时）；健身单车（250 瓦，强力）	12.5
跑步（12.9 千米 / 小时）	13.5
固定健身单车（201～270 瓦，很费力）	14.0
跑步（16.1 千米 / 小时）	15.0
户外自行车（速度 >32.2 千米 / 小时）	15.8

METs 仅是运动强度的近似值，技能、体重、体脂和环境会影响 *METs* 的准确性。实际上我们可以忽略这些限制。

（3）自我感觉劳累等级表

监视强度的另一种方法是监视练习者的运动量。如果在运动中重复进行脉搏计数会干扰活动，也很麻烦。随着锻炼的进行，练习者可能会熟悉将心率提高到目标水平所需的运动量。换句话说，当练习者进行足够的运动后，练习者将知道自己的感受。在这种情况下，练习者可以使用自主感觉劳累等级表来监控运动强度，而无需检查脉搏。

自我感觉劳累等级表是监视运动强度的准确方法，较常被使用的有 Borg 6～20 级量表（表 6–6）及修订后的 10 级量表（表 6–7）。

表 6–6　自主感觉劳累等级表

Brog 计分	用力程度
6 7 8	非常非常轻
9 10	很轻
11 12	轻

续表

Brog 计分	用力程度
13 14	有点用力
15 16	用力
17 18	很用力
19 20	非常非常用力

表 6-7　自主感觉劳累等级表（修订表）

级别	描述
0	完全没有
1	非常轻松
2	轻松
3	一般
4	有点费力
5	中等
6	5～7
7	非常费力
8	7～9
9	非常非常费力
10	极其严重 = 最大值

练习者可能会发现它比脉搏计数更容易，更方便。

（4）谈话测试

监视运动强度（尤其是防止过度剧烈运动）的另一种简便方法是谈话测试。尽管在中等强度的心肺耐力运动中呼吸速率会增加，但练习者的运动强度不应过大，以至于无法交流。

在剧烈运动中，语音仅限于简短的短语。谈话测试是衡量许多类型活动强度的有效指标。

3. 运动持续时间

建议每天运动总计 20～60 分钟；运动可以在一个训练中进行，也可以在多个训练中进行，持续 10 分钟或更长时间。

运动的总持续时间取决于运动强度。为了在低强度至中等强度的活动（如步行或慢泳）中提高心肺耐力，应该运动 30～60 分钟。对于在目标心率区顶部进行的高强度运动，持续 20 分钟即可。

一些研究表明，进行 5～10 分钟的剧烈运动（大于最大量的 90%）可以提高心肺耐力。但是，高强度的训练（尤其是在高冲击力的活动中）会增加受伤的风险。另外，如果练习者在高强度运动中感到不适，则更有可能停止锻炼。持续时间长，强度低至中等的活动通常会导致最大耗氧量逐渐增加。在制订计划时，要从不那么激烈的活动开始，然后逐渐增加强度。

4. 运动类型

运动类型（锻炼模式）是指运动员执行的特定活动，如骑自行车、跑步、游泳等。

在训练中提高有氧耐力时，运动员应选择与比赛中采用的运动方式尽可能相似的运动。这将使身体特定生理系统产生积极适应。对于参与多项有氧耐力运动的运动员，或对一般的有氧耐力健身计划感兴趣的运动员，可能需要交叉训练或参加多种有氧耐力运动。

心肺耐力训练项目包括长时间有节奏地使用大肌肉的活动，如慢跑、散步、骑自行车、有氧舞蹈和其他形式的团体运动、越野滑雪和游泳。急停急起的运动如网球等，也属于这类项目。

5. 运动量

运动量（训练量）是频率、强度和时间的乘积。增加运动量是提高健身水平的最佳方法。但是，过多会导致受伤和过度训练。活动跟踪器可以帮助练习者评估和监视进度。它们还可以帮助练习者根据卡路里（每节、一周、一个月和（或）年的卡路里）的总能量消耗来量化训练计划。心肺耐力的运动量可以使用几种不同的方法进行估算。

①每周 150 分钟的中等强度运动。

②卡路里：每周进行中等强度运动 1000 卡路里。

③步数：每天 5400～7900 步或更多；为了获得准确性，将步数与建议的锻炼时间（持续时间）结合起来。

6. 进度（渐增负荷）

动机决定了练习者是否坚持锻炼计划。积极进取的人愿意忍受激烈的训练带来的高度不适感。如果训练过于紧张或不舒服，动力不足的人通常会停止锻炼。

以前是否参加过健身活动决定练习者的提高能力。未经训练的人会迅速提高，而身体素质高的人则进步较慢。

遗传学也决定了训练者提高的速度。人们对相同训练计划的反应各不相同。健康和年龄会影响训练者适应训练进度的能力。

（三）热身、整理

在每次心肺耐力运动之前都应热身，然后再冷却。因为当温度略高于静止水平时，身体的肌肉会更好地工作，所以热身可以提高运动表现力并减少受伤的风险。热身还有助于将保护液散布到整个关节上，从而防止损伤其表面。

热身运动应包括低强度全身运动，类似于随后的活动，如在开始快步走之前缓慢走动。对于大多数类型的运动，进行 5～10 分钟的主动热身就足够了。但是，热身时间将取决于练习者的健康水平、经验和个人喜好。

伸展运动可以作为热身的一部分。进行静态拉伸（在这种拉伸中，练习者将关节移动到运动范围的末端并保持该位置）是运动前热身的一部分，它对运动后的影响很小或没有影响。运动前的静态拉伸也可能对力量、平衡、反应时间和运动时间产生不利影响（伸展运动可能会干扰用于运动和运动技能表现的肌肉和关节感受器）。由于这些原因，通常建议在锻炼结束后进行静态拉伸，这时关节可以得到润滑。

运动后的冷却对于使身体恢复到非运动状态很重要。冷却有助于保持血液流向心脏和大脑，并使血液从工作肌肉重新定向到身体的其他部位。这有助于防止血压下降、头晕和其他潜在的心血管并发症。每次锻炼后应进行一次整理活动，以使心率、呼吸恢复正常。整理时逐渐降低运动强度，如在进行跑步锻炼后，以半速慢跑 30 秒至一分钟开始整理。然后进行几分钟的步行，慢慢降低速度。

（四）赛季安排

通常将程序设计变量和各种类型的有氧耐力训练应用于运动员的运动季节，以创建年度训练计划。通常训练分为几个阶段，包括淡季（有时称为基础训练）、赛季前、赛季内和赛季后（主动休息）。每个训练季节的主要目标和典型的程序设计任务如下：

1. 淡季

淡季训练的重点是发展心肺耐力。最初，训练计划应该由长时间和低强度的锻炼组成。随着淡季训练的持续，强度和持续时间（在较小程度上）增加；但是，训练时间的增加不应超过每周 5%～10%。过度增加训练时间会导致有氧耐力水平下降。当运动员已经适应了训练刺激并且需要额外的超负荷以持续改进时，运动强度就会周期性增加。

2. 赛季前

在赛季前期间，运动员应专注于增加强度，保持或减少持续时间，并将所有类型的训练纳入计划。

3. 赛季内

赛季内训练计划的设计应包括比赛中的比赛日或比赛日时间表。应在安排的比赛之前进行低强度、短时间的训练，以使运动员完全康复并休息。赛季中所采用的训练手段基于增强运动员的保持力量的目标。

4. 赛季后

赛季后（主动休息）的主要重点应该放在上一个比赛赛季的恢复上。低强度的训练持续时间和强度是休息阶段的典型表现，但应进行足够的运动以保持肌肉力量和瘦体重。在赛季后期间，有氧耐力运动员应专注于恢复比赛季节所造成的损伤，并增强肌肉群的力量。

三、高校学生耐力训练的方法

（一）耐力训练的一般方法

和其他的运动模式一样（如力量训练、增强训练、敏捷性训练、速度训练等），关于如何进行有氧耐力训练和使用什么类型的锻炼方式，学者有很多观点。

以下考虑了几种广泛采用的耐力训练方法，如长距离慢速训练法、乳酸阈强度训练法、间歇训练法、高强度间歇训练法、法特莱克训练法等，见表 6–8。

表 6–8　有氧耐力训练类型

训练类型	特点	频次／每周	时长	训练强度
长距离慢速训练	长时间、中等强度训练	1～2	30～120 分钟	约 70% $V_{O_{2max}}$
乳酸阈强度训练	中等持续时间、高强度	1～2	20～30 分钟	稍高于比赛强度
间歇训练	间歇、短时间、高强度	1～2	3～5 分钟（运动间歇比 1 ∶ 1）	约 $V_{O_{2max}}$
高强度间歇训练	间歇、极短时间、最高强度	1	30～90 秒（运动间歇比 1 ∶ 5）	高于 $V_{O_{2max}}$
法特莱克训练	间歇、中等持续时间、高中强度	1	20～60 分钟	强度介于前两种训练类型之间

1. 长距离慢速训练法

长距离慢速训练法（LSD）即传统持续性耐力训练，是长距离慢速的训练，指强度约 70% $V_{O_{2max}}$（或最大心率的 80%）的耐力训练。在 LSD 训练中，训练距离应大于比赛距离，持续时间应在 30 分钟至 2 小时。这种强度和持续时间通常被称为“对话”运动，运动员能够讲话而不会引起不必要的呼吸窘迫。

从 LSD 训练中获得的生理益处主要包括增强心血管和体温调节功能，改善线粒体能量产生和骨骼肌氧化能力，以及增加脂肪作为燃料的利用。这些变化可能会通过增强人体清除乳酸的能力来提高乳酸阈值强度。长期使用这种类型的训练还会引起受累肌肉的代谢特征发生变化，并最终使白肌纤维转变为红肌纤维。

2. 乳酸阈强度训练法

乳酸阈强度训练也被称为速度／节奏训练，所采用的强度等于或略高于比赛强度。强度对应于乳酸阈值，因此，这种训练通常也被称为阈值训练或有氧－无氧间歇训练。

进行速度／节奏训练有两种方法：稳定的速度／节奏训练和间歇性速度／节奏训练。稳定的速度／节奏训练是在相当于乳酸阈值的强度下进行的持续训练，持续时间为 20～30 分钟。速度／节奏训练的目的是向运动员施加特定强度的压力，并促使有氧和无氧代谢产生更多的能量。间歇性速度／节奏训练也被称为速度间隔，在间歌性速度／节奏训练中，强度与固定值锻炼的强度相同，但训练课包括一系列较短的间隔，训练间隔之间的恢复期较短。

在速度／节奏训练期间，重要的是要避免以比规定的速度更高的强度进行运动。如果锻炼看起来相对容易，那么增加距离要比增加强度更好。这类训练的主要目的是发展比赛节奏感，并增强身体系统以该速度维持运动的能力。速度／节奏训练涉及与比赛中相同的肌肉纤维募集模式。从这种类型的训练中获得的益处包括提高乳酸阈值等。

3. 间歇训练法

间歇训练法允许运动员以接近 $V_{O_{2max}}$ 的强度训练，训练时间要比连续高强度下的单次锻炼时间要长。在获得坚实的有氧耐力训练基础之前，不应进行此类训练。间歇训练法对运动员的刺激很大，应谨慎使用。间歇训练法的益处包括增加最大摄氧量和加快无氧代谢。

4. 高强度间歇训练法

高强度间歇训练（HIIT）是间歇训练的一种，只是强度更高。为获得最佳刺激，运动员必须在 HIIT 训练中花几分钟的时间超过 $V_{O_{2max}}$ 的 90% 最大摄氧量。短（＜ 45 秒）和长（2～4 分钟）的 HIIT 间隔均用于引起不同的训练响应。随着单次运动的工作时间增加，厌氧糖酵解的能量贡献可能会随着血液乳酸水平的提高而增加。此外，HIIT 训练可能有助于提高跑步速度。当需要“最后踢”或“推”来超越竞争对手或创下纪录或个人最佳时间时，这对于有氧耐力比赛的后期阶段尤其重要。在进行 HIIT 训练时，重复训练之间的适当休息至关重要。如果休息间隔太短，则运动员无法在随后的运动回合中做出高质量的努力，并且受伤风险更大。如果休息时间太长，则厌氧糖酵解的能量贡献可能会减少。

5. 法特莱克训练法

法特莱克（Fartlek）训练起源于 20 世纪 30 年代，由瑞典教练古斯塔 · 霍迈尔创立。在瑞典语中 fart 指速度，lek 代表游戏，加起来就是速度游戏。创造它的初衷是摆脱枯燥的日常训练，提供一种特殊的间歇训练形式。但实际上，法特莱克训练与间歇训练区别很大，间歇训练规定了跑步的距离、完成和休息时间，而法特莱克训练通常只是给运动员一个特定的距离指标，如完成一个 10 千米跑，只要运动员能达到该指标，怎么跑、如何选择路线和安排体力等，都由运动员来定。

法特莱克训练的实质就是在跑中插入一系列不定时间、不定距离的加速跑、反复跑甚至快速冲刺，使它们和慢跑或走步交替进行，运动员可以根据自己的感觉决定加速和放松的时间和距离。法特莱克训练对训练场地的要求比较随意，主要选择在空气新鲜的地方，如郊区、公园、树林、山地等。现在，很多人对法特莱克训练有许多误解。对一些运动员来说，法特莱克跑已成为一种能使他们离开田径场，到森林或海滩等自然环境中去跑的训练方式。但是，不可忘记的是，正如其他训练方法一样，法特莱克训练应有其特定的目标。法特莱克训练以同时强调有氧和无氧能量代谢而闻名，它允许任意变化速度，在运动过程中的恢复完全由个体主观感觉来决定，而不是由客观的数据，如心率等来决定。它不像间歇训练那样严格和精确，能够让练习者享受整个训练过程，从而进一步排除了过度训练的可能性。

（二）其他方法

1. 柔韧性训练

柔韧性可以定义为在整个运动范围内平滑移动关节的能力。有研究者已经提出，提高柔韧性可以降低受伤的风险并提高运动的经济性。尽管在某些运动中（如体操）提高柔韧性有明显的好处，但在耐力运动中提高柔韧性的好处尚不清楚。有限的研究分析了柔韧性、灵活性和绩效之间的关系。

传统上，柔韧性和灵活性分析一直几乎是所有运动员训练计划的固有组成部分。这种普遍接受主要是基于这样的信念，即提高柔韧性和灵活性将改善性能并减少受伤的风险。最近的研究已开始质疑柔韧性和灵活性在增强耐力和力量方面的作用。

大量研究分析了柔韧性和灵活性与经济运行之间的关系。从这些研究来看，柔韧性和灵活性与经济运行成反比。因此，对于给定的跑步速度，运动员的柔韧性越差，氧气消耗就越少。据推测，这种关系可以通过增强骨骼硬度来解释。在长时间的运动中，重复的拉伸、缩短周期会导致储存的弹性能量积聚。较坚硬的腿部肌肉将加速储存的弹性能量的返回，从而降低活动的总能量成本。柔韧性和灵活性与经济运行这种明显的反比关系可能使教练和运动员陷入困境。研究表明，伸展运动是任何训练计划的重要组成部分，可以提供保护以免受伤。然而从这些最新研究中得出的数据表明，提高柔韧性和灵活性可能会对经济产生负面影响，从而对绩效产生负面影响。

2．交叉训练

交叉训练是一种结合多种运动模式进行有氧耐力训练的方法。为了使交叉训练有效地维持或增加最大摄氧量，每项运动的强度和持续时间必须与其健康水平相当。教练必须单独规定每种训练模式的强度和持续时间，同时保持运动员能力范围内的综合运动量。

交叉训练的好处是，在不同的活动中，它将训练的身体压力分散到不同的肌肉群，并增强心肺和肌肉骨骼系统的适应性。

交叉训练的结果是克服了训练的特殊性限制。也就是说，当有一个不能通过使用一种特定的运动方式来实现的目标时，就可以运用交叉训练运动模式来实现，如在铁人三项比赛中，交叉训练就是实现这个目标的一种方法。

有氧耐力交叉训练可以通过两种不同的方式来完成：

①在每个训练阶段采用不同的运动方式，一周内轮换采用两种或两种以上的运动方式；

②在同一个项目中使用不同的锻炼方式。

对于第一种方式，练习者可以第一天在跑步机上训练，第二天在户外骑车，然后在划船机上完成一周的训练。对于第二种方式，可以采用一系列背靠背完成的运动模式，如使用跑步机、圆形训练器和测力仪各完成 10 分钟，而不是在跑步机上做 30 分钟。

运用交叉训练的关键是确保练习者在规定的训练区域内使用训练方式。对于给定的工作量或速度，不同的练习可能会导致不同的心率，因此有必要针对每种模式制订个性化的训练计划。交叉训练的方法应该围绕练习者能够完成的总量或持续时间来设计。

3．高原训练

高原训练是指有目的、有计划地将运动员组织到具有适宜海拔的地区，进行定期的专项运动训练的方法。早在 20 世纪 50 年代，就有一些苏联研究员提出，在高原环境下进行运动训练可以有效地提高有氧耐力项目的运动成绩。

1968 年举办墨西哥奥运会后高原训练得到了很大的发展，这是因为墨西哥奥运会举办地在海拔 2240 米。很多运动员为了适应在高原上参赛，纷纷去高原进行适应性训练，从比赛结果上显示出大多数耐力性项目的优胜者均进行过高原训练，因此得出了高原训练对竞技能力提高有效果，从而便出现了全球性的高原训练潮。高原训练初始主要应用于中长跑的训练，而后经过多年发展，已经扩展到自行车、赛艇、皮艇、划艇、水球、排球、篮球、足球、乒乓球、曲棍球、垒球、冰球、速度滑冰、冬季两项（滑雪、射击）、柔道、武术、拳击及短跑、跳远、跳高、跨栏、射箭、体操、击剑等，几乎应用于所有的奥运会项目。

高原训练是一种特殊条件下的强化训练手段，是利用高原低氧、低压环境的刺激激发运动员机体的补偿机制，通过增加训练难度和负荷量，在体能、生理上充分调动运动员最大运动能力的过程，并刺激人体产生一系列抗缺氧反应的训练方法。其理论依据是人体在高原进行运动训练时受到两方面的缺氧刺激：一是大运动量训练所引起的缺氧刺激：二是由高原地区气候条件而引起的含氧量较低的高原缺氧环境的刺激。利用运动缺氧和高原缺氧的双重刺激，激发运动员的补偿机制，使机体产生强烈的应激反应，以激发机体的潜力，从而产生一系列有利于提高运动能力的抗缺氧能力。高原训练一般是在 1500～2400 米海拔的高原上训练，空气密度、氧含量只有平原地区的 3/4 左右，氧分压比平原地区减少 20%～25%。运动员在这样的环境下进行训练时，高原的双重缺氧刺激会产生一定程度的生理适应，如呼吸频率和心率加快、使血管体积增大，血管扩张，血管壁增厚，通过的血量增多，机体的最大摄氧量、肺通气量、红细胞总量以及肌肉的毛细血管密度、肌红蛋白含量、线粒体数量增多，从而提高血液运氧及肌肉利用氧的能力，提高运动员的竞技能力。

第四节　高校学生耐力训练的测量与评价

一、心率

（一）定义

心率是指人体每分钟心跳的次数。人体的心率有个体差异，因年龄、性别、身体机能或其他生理因素等的不同会有所不同。

年龄：年轻人心跳快，老年人心跳比年轻人慢。一般来说，年龄越小，心率越快。

性别：女性的心率比同龄男性快。

身体机能：运动员的心率可达 50 次 / 分钟左右，一般较普通成人偏慢。除特殊疾病外，身体健康、体能好的人的心率比身体健康状况差的人的心率要慢。心率与人体的代谢水平有关。

心跳达到最快的频率称为最高心率，最高心率与实测心率差值是心脏活动的潜力。

（二）测定

心率测定有心音听诊法、指触法，目前心率遥测法应用也较多。

心音听诊法（直接测量法）。心脏在活动过程中产生的心音可通过心脏的周围组织传递到人体的胸壁，再用仪器（听诊器）在胸壁特定部位听诊能测量出心率，称为心音听诊法。

指触法（间接测量法）。在一个心动周期中，心脏的收缩和舒张会造成动脉血管内的压力形成周期性波动，这样会导致管壁发生搏动，再以波的形式沿血管管壁向人体外周传播，这种传播会与心脏活动的周期一致。用手指触摸人体的身体浅表部位的动脉处，能感觉到搏动。根据搏动测定心率，称为指触法。测量部位为桡动脉或颈动脉。

还可采用心率遥测法，其能便利记录安静和运动状态下的心率，具有记录准确、分析快速等特点。

（三）分类

心率有安静心率、运动心率、基础心率、最大心率等各种心率。

安静心率是人体安静时的心率。一般人体安静的心率为 60～100 次 / 分。

运动心率是指人体运动时的心率。主要与运动的强度有关，因此可以用运动心率来表示人体运动强度的大小。运动心率主要反映运动的生理强度，而速度等主要反映人体运动的物理强度。运动心率水平的变化可以评价人体的机能状态。

基础心率是特殊状况下的安静心率，是人体在基础状态的心率。基础状态是人体的代谢为基础代谢时的状况，即人体早晨刚刚醒来时在适应环境温度（25℃）处于空腹、静卧、放松、无肌肉活动时的心率。

最大心率指的是人体进行运动时，随着运动强度的增加，心率也增加，在最大负荷强度时，心率不再继续增加时心率所能达到的最高值。

（四）评价

1. 安静时心率的评价——基础心率

（1）基础心率均线和波动差值的测量与评价

操作：应在清晨、静卧、清醒和空腹状态下，测基础心率（晨脉），并记录在心率坐标纸上，连续记录 7 天，除以 1 得到平基础心率，63～69 次／分钟为正常，查看表 6–9 做出评价。

心率的波动差值为 7 天中的心率最大值减去心率最小值，查看表 6–10 做出评价。

注意：正常休息，合理饮食。

表 6–9　几种安静心率的评价

心率状况	评价等级
基础心率太快，心脏功能很差，建议到医院进一步检查	差
基础心率很快，心脏功能较差，平时缺乏锻炼	下
基础心率较快，心脏功能一般，可以承受一定运动强度的负荷锻炼	中
基础心率正常，心脏功能较好，保持锻炼	良
基础心率太慢，心脏功能好	优秀

表 6–10　基础心率波动差值评价

等级	周基础心率均值（次／分钟）	周基础心率波动值（次）
优	55	1～3
良	65	4～6
中	75	7～9
下	85	10～12
差	90	13 以上

（2）立位、卧位姿势脉搏差的测量与评价

测量方法：让受试者仰卧至脉搏稳定后，测量 1 分钟心率，为卧位脉搏；站立待脉搏稳定后，再测量 1 分钟心率，为立位脉搏。

计算与评价：立卧位脉搏差等于立位脉搏减去卧位脉搏，差值越小，表明心脏机能越好（见表 6–11）。

表 6–11　立 – 卧心率差评价表

等级	立 – 卧心率差
优秀	0～5
良好	6～11
一般	12～19
差	20 以上

2. 运动时心率的评价

一般情况下，运动时的心率与运动强度的增加成正比（见表 6–12）。在定量负荷中，运动时的心率与安静时的心率比较，如变化不大，说明心血管机能较好。在递增负荷试验中，同一心率水平强度越高、负荷量越大，说明心血管机能越好。具体应根据测量对象的特征和实际测量得到的数据进行具体评价。

表 6–12　运动强度与心率的关系

运动强度	心率（次 / 分钟）	
	男	女
低强度	130 以下	135 以下
中强度	131～155	136～160
大强度	156～175	161～180
亚极限强度	176～185	180 以上
极限强度	186～200	180 以上

3. 运动后心率的评价

通过评价运动后的心率可以对运动员的机能状况进行评价。一是根据运动后即刻心率的变化来评价。不同运动员（或同一个体在不同机能状态下）在进行相同负荷的运动训练后，运动后即刻心率越大者，则其机能状况越差，二是根据运动后一段时间的心率恢复来评价。不同运动员（或同一个体在不同机能状态下）

在进行相同负荷的运动训练后，运动后心率恢复得越慢者，则其机能状况越差。

4. 运动时心率的综合评价

运动强度的反应。在一定范围内，心率与运动强度呈正向关系，因此可以通过心率来控制运动员的运动强度，如速度等。

训练程度的反应。随着运动训练水平的提高，心血管系统的适应性增强，在完成相同的负荷运动后，心率会变慢，即在一组运动员中，相同的跑速，心率慢者，训练水平较高。

恢复程度的反应。一是运动后的心率测定，可以反映运动员的恢复程度，判断是否存在疲劳的积累，反映运动员的训练水平。二是基础心率可以反映运动员运动疲劳消除的程度。正常情况下，训练后基础心率如表现出心率增加等不稳定现象，说明运动员可能存在对运动训练负荷的不适应。

机能状态的反应。基础心率、赛前状态等都可以直接地反映运动员的机能状态。

训练课安排是否合适的反应。训练课的密度是指运动训练过程中训练时间与休息（恢复）时间的关系。休息的安排得当与否可以通过训练课中的平均心率来反映，如平均心率高，说明其训练密度就大。

循环系统的功能状态评价。评价循环系统的功能状态有很多有效的方法和手段，心率是简单易行且有价值的指标。安静状态下的心率快慢反映了运动员的每搏输出量的大小，即储备心率。定量负荷运动后心率反映了心脏输出量的最大能力。

运动员选材。作为一个重要的生理指标，心率可作为优秀运动员选材的依据。

二、血压

（一）定义

血压是指血管内血液对于单位面积血管壁的侧压力。依靠血压，人的血液才能被输送到全身各部位，血压是血液在血管内流动的动力。血液在血管各部位的动脉、毛细血管和静脉都存在压力，即动脉血压、毛细血管血压和静脉血压。

血压有极其重要的生物学意义。血压过低过高（低血压、高血压）都会造成严重后果，影响组织器官的血量供应和机体的正常新陈代谢。

通常所说的血压是指动脉血压。

（二）测定

正常人一天当中血压是有起伏波动的，人在睡眠时血压最低，静静地坐着时血压则保持平稳。紧张、吸烟、谈话和饮咖啡会使血压升高，饭后、运动后、安静阅读时血压则会下降。因此，要想准确测量血压，在量血压前一小时不应服食药物和进食，测量前 30 分钟内禁止吸烟、饮咖啡等，更应该提前排尿，避免忍尿，膀胱胀满会使血压升高。测量血压前，宜先静坐在温度适中的房内 5 分钟，在安静的状态下，同一时间测量同一上肢，这样调整药物时比较准确。

无论男女和是否有高血压病，一般是测量右上臂血压，因为血压的标准是根据右上臂血压结果制定的，大多通过右侧上臂进行测量。测时，手心向上，自然放松，将血压计手腕带下方放置在储存盒或软垫上，并使手腕带位置与心脏同高，不能过高或过低。如右侧曾患血管畸形、大动脉炎、偏瘫或左侧测量值高于右侧，建议测量左侧，以高侧测量为测量结果。初次测血压的人，可以选择左、右上臂血压都测，以获得准确的血压，等相对明确哪个手臂血压高了，就只测高侧的上臂血压。

（三）分类

收缩压。当人体心脏收缩时，动脉内的压力上升，心脏收缩的中期，动脉内压力最高，此时血液对血管内壁所形成的压力称为收缩压，亦称高压。

舒张压。当人体心脏舒张时，在心脏舒张末期，血液暂时停止射入动脉，而已流入动脉的血液靠血管壁的弹力和张力作用继续流动，对血管壁仍有压力，这个压力称为舒张压，又叫低压。

脉压。收缩压与舒张压的差值称为脉压。

正常成人安静时，收缩压为 100～120 毫米汞柱，舒张压为 60～90 毫米汞柱。血压测值受多种因素的影响，如情绪激动、紧张、运动等。若血压值达到或超过收缩压 140 毫米汞柱和舒张压 90 毫米汞柱，即可认为有高血压，如果仅收缩压达到标准则称为单纯收缩期高血压。凡血压低于 90/60 毫米汞柱时称低血压。

（四）评价

1. 运动后血压的评价

运动后血压的评价观察有两个指标，一个指标是运动后即刻的血压，另一个指标是运动后血压的恢复。

运动后即刻的血压的评价。进行同样负荷的运动后，如运动后即刻血压升高幅度增大，说明机体对运动负荷适应能力差，是机能水平差的表现。

运动后血压的恢复的评价。运动后分别测定运动停止后2分钟、4分钟、6分钟的血压值，如各值恢复的速率快，说明机体机能状态好，反之，机能水平较低。

2. 机能评价

可以用血压来评价人体的机能状态，常用立卧位血压差指标。立卧位血压差指人体立位姿势和卧位姿势时血压的差值。

立卧位血压差，其差值越大，循环机能越好。

三、最大摄氧量

（一）定义

摄氧量（V_{O_2}）是人体摄取氧的量。人体吸入氧气呼出二氧化碳，真正吸入体内的氧气量即摄氧量。不同状况下人体摄氧量不同，做功越多、强度越大，摄入的氧量越大。

人体在进行有大量肌肉群参加的长时间激烈运动中，心、血液、肺、肌肉共同参与吸入、运输、摄取、利用氧时，达到本人能力的极限水平，单位时间内最终所能摄取的氧量称为最大摄氧量。反映了在动态运动中所涉及的心脏、肺部和血液向工作肌输送氧气和肌肉利用氧气的共同能力。

最大摄氧量是几种组织器官的综合氧能力，与呼吸机能有关，还与心血管机能有关，但不是单一的心、肺、血的运氧能力，与骨骼肌利用氧的机能有关，但也不是单独的骨骼肌摄取、利用氧能力，而是它们综合的利用氧能力。$V_{O_{2max}}$ 被广泛确定为有氧耐力和心肺健康的标准指标。

最大摄氧量通常以每分钟为计算单位，按表示不同，分为绝对摄氧量和相对摄氧量。绝对摄氧量为单位时间机体摄取的全部氧量，以升／每分钟或毫升／每分钟的形式表示。由于个体最大摄氧量与体重有关，为便于比较，最大摄氧量应当以相对于体重的值来表示更合理，即相对摄氧量，表示为每千克体重每分钟机体摄取氧气升数。

（二）测定

最大摄氧量的测定方法有两种，直接测试法和间接测试法。

1. 直接测试法

原理。通过进行力竭性运动，用气体分析仪直接测得力竭时呼出气的通气量（V_e）、吸入气的氧浓度（F_{IO_2}）和呼出气的氧浓度（F_{EO_2}），再用公式计算获得最大摄氧量。

$$V_{O_{2max}}=V_e\times(F_{IO_2}-F_{EO_2})$$

达到最大摄氧量的判定标准为以下五种情况任何三种同时出现：

①体力达到力竭，受试者不能保持规定的运动速度。

②摄氧量不再增加而出现摄氧量稳态（摄氧量的变动小于5%）。

③呼吸熵成人大于1.10，少儿大于1.00。

④血乳酸大于8毫摩尔／升。

⑤心率大于180次／分。

设备。有跑台、功率自行车、手摇功率计、滑冰测功器、攀登器、划船测功器、游泳测功器等。

基本要求。运动负荷应有大肌肉群参加，完成的是动力性的工作；运动负荷量必须能够计算；摄氧量测定应当在运动开始几分钟后，生理机能达到稳定状态。多数学者认为，以第二次呼吸的出现作为耐力运动的特征较为合适。

适用范围。具有昂贵的设备和经验丰富的测试人员；用于临床和研究环境工作；年轻、健康人群。

2. 间接测试法

对于不能用直接测试法测量最大摄氧量的，如没有昂贵的设备、不适宜进行最大激烈运动的中老年人和体弱人群，可采用间接测试法。

原理。人体心率和运动强度与摄氧量之间在一定范围内呈正相关，并依个体的运动能力而变化。间接测试法是根据亚极量负荷（次最大负荷）运动条件下（如蹬功率自行车）预测最大负荷能力，根据所测定的心率计算最大摄氧量。

要求。根据心率值推测$V_{O_{2max}}$，基于以下基础推测。心率与负荷之间存在线性关系；最大心率可以用年龄预测：220－年龄＝最大心率，年龄相同，心率一样；稳态心率可以通过进行3～4分钟的亚极量恒功率负荷练习而达到，而且每天都稳定；进行同样速度的蹬车运动，所有人的机械效率都是一样的；同样的工作负荷蹬车，所有人的耗氧量都相同。

可能存在误差。由于上述要求是一种理想状态，实际是有误差的，误差取决于以下因素：最大心率的预测问题；受试者使用测功仪的效率问题；每级负荷心率的准确测量问题。

适用范围。用于日常健身、运动训练；不适合作为冠心病的诊断工具。

根据测试场所不同，有实验室测试和运动现场测试。各种测试方法如下。

（1）Astrand-Rhyming 法

Astrand-Rhyming 法，持续六分钟的单级负荷测试。让受试者在自行车测功计上进行最大强度运动，测定运动时的心率及输出功率，再推测出该受试者的最大吸氧量。

负荷设定：

男性：无锻炼习惯或身体状态一般的为 300 千克 · 米 / 分钟或 600 千克 · 米 / 分钟（50 瓦或 100 瓦），有锻炼习惯或身体状态好的为 600 千克 · 米 / 分钟或 900 千克 · 米 / 分钟（100 瓦或 150 瓦）。

女性：无锻炼习惯或身体状态一般的为 300 千克 · 米 / 分钟或 450 千克 · 米 / 分钟（50 瓦或 75 瓦），有锻炼习惯或身体状态好的为 450 千克 · 米 / 分钟或 600 千克 · 米 / 分钟（75 瓦或 100 瓦）。

身体状况较差的或者是老年受试者为 300 千克 · 米 / 分钟（50 瓦）。

测试终止：

在负荷的第 5 和第 6 分钟后 30 秒，测量心率。要求目标心率控制在 125~175 次 / 分钟。前后两分钟所测心率相差不得超过 5 次 / 分钟以上。否则，继续运动 1 分钟，用第 6 和第 7 分钟的心率推算 $V_{O_{2max}}$。出现稳定心率是关键。计算最后两分钟的平均心率。

根据受试者运动最后两分钟的平均心率和负荷，从推测表或列线图上查得 $V_{O_{2max}}$，再乘以年龄修正系数，最后得到受试者的 $V_{O_{2max}}$ 推测值。也可以用公式计算：

$V_{O_{2max}}=SM\times$（220－年龄－73－性别 ×10）/（HR－73－性别 ×10）

其中：SM 为亚极量负荷摄氧量 [V_{O_2}，毫升 /（千克 · 分钟）]，

SM[毫升 /（千克 · 分钟）]= 负荷（千克 · 米 / 分钟）×1.8/ 体重（千克）+ 7；

性别，女性为 0，男性为 1；

HR，亚极量负荷稳态心率。

（2）Fox 法

在自行车测功仪上以 150W（900 千克 · 米 / 分钟）功率骑 5 分钟，测量最后一分钟的亚极量心率来推算最大摄氧量。

$V_{O_{2max}}$（升 / 分钟）=6300－19.26× 最后一分钟心率

（3）YMCA 功率车亚极量测试

YMCA 功率车亚极量测试是一个次极限负荷的循环多阶段测试，其测试

步骤如下。估算受试者的最大心率，HR_{max}=220－年龄；然后推算85%最大心率，目标心率=0.85×最大心率。设立一级负荷，每级负荷持续3分钟；在每分钟的最后15秒测试心搏，再算出1分钟的心率。根据一级负荷结束时的心率，选择二级负荷。选择三级、四级甚至更多级负荷（如果需要）。若每级负荷第2、3分钟的心率差异大于5次／分钟，则此负荷延长1分钟运动，直至心率达到稳定。受试者的稳态心率达到距85%最大心率10次以内，则实验终止。分别计算出最后两级负荷的摄氧量值，推测最大摄氧量。

计算公式：

$$V_{O_{2max}}=SM_2+[b\times(HR_{max}-HR_2)]$$

$$b=(SM_2-SM_1)/(HR_2-HR_1)$$

其中：HR_1表示倒数第二级负荷的后两分钟平均心率；HR_2表示最后一级负荷后两分钟平均心率；SM_1表示倒数第二级负荷时摄氧量；SM_2表示最后一级负荷时摄氧量。其中：

$SM=V_{O_2}$[毫升／千克·分钟]=负荷（瓦）／体重（千克）×10.8＋7

（4）Bruce亚极量跑台程序测试

Bruce亚极量跑台程序测试见表6-13。

表6-13　Bruce亚极量跑台程序测试表

分级	速度／（次／分钟）	坡度／%	时间／分钟	V_{O_2}／[毫升／千克·分钟]
1	1.7	10	3	13.4
2	2.5	12	3	25.7
3	3.4	14	3	34.6

第一级负荷可看作准备活动，后两级负荷心率应该在115～155次／分。

推测公式：

$$V_{O_{2max}}=SM_3+[b\times(HR_{max}-HR_3)]$$

其中：

b表示$(SM_3-SM_2)/(HR_3-HR_2)$

HR_2和HR_3分别表示第二级和第三级负荷的稳态心率，HR_{max}为最大心率＝220－年龄，SM_2和SM_3分别表示第二级和第三级负荷摄氧量。

（5）PWC_{170}

PWC_{170}是一种运动功率测试，指在运动过程中心率达到 170 次／分钟的相对稳定状态下，单位时间内机体所做的功。它是一种次极限负荷条件下评定运动员机能状态的测试方法，反映了机体的工作能力尤其是心肺耐力水平。PWC_{170}测定属于亚极限定量负荷运动试验。其直接测定较为复杂，需时较长，通常采用间接测定的方法。

间接测定PWC_{170}的原理是：运动过程中心率和功率在一定的负荷范围内（相当于心率在 120～180 次／分钟）呈直线关系。依据这一相关关系，令受试者完成两次或两次以上不同负荷的运动，第一次负荷使心率达到 120 次／分钟左右，第二次负荷使心率尽可能接近 170 次／分钟。通过两次负荷的功率以及负荷后的两次心率，就可以推算出心率为 170 次／分钟时机体所做的功。

设备：自行车功率计（或台阶）、秒表、节拍器（记录蹬车的节拍）、遥测心率仪。

方法 1：自行车功率计测试。令受试者完成两次不同负荷的定量运动试验，每次负荷持续 3～5 分钟（以负荷时心率相对稳定为度，一般 3 分钟即可），两次负荷之间休息 5 分钟，并于每次负荷后即刻测定心率。第一次负荷的功率在心率达到 120 次／分钟左右为宜，第二次负荷的功率可根据第一次负荷后的心率来确定，以达到 170 次／分钟心率的负荷为宜。

计算公式：该方法系根据卡尔普曼提出的公式计算而获得。

$PWC_{170}=W_1+(W_2-W_1)[170-P_1/P_2-P_1]$

其中：W_1为第一次负荷的功率（千克·米／分钟）；

W_2为第二次负荷的功率（千克·米／分钟）；

P_1为第一次负荷的心率（次／分钟）；

P_2为第二次负荷的心率（次／分钟）。

在进行PWC_{170}的机能试验后，将所测得的W_1、W_2、P_1、P_2的数据代入公式，便能精确地计算出受试者的PWC_{170}值。

方法 2：台阶测试。如果没有自行车功率计，可以用台阶试验来测定PWC_{170}值，计算公式为：

$W=p\times h\times n/t\ (1+1/3)$

其中：

$W=$功率（千克·米／分钟）；

$p=$体重（千克）；

h= 台阶高度（米）；

n= 上下台阶次数；

t= 上下台阶总时间。

由于下台阶所做的功大约是上台阶所做功的三分之一，故台阶试验中所做的功可用上述公式计算。

根据第一次负荷后的心率，调整上下台阶的次数，然后进行第二次台阶试验，记录下次的功率和心率。将结果代入卡尔普曼公式。

评价。一般来说，PWC_{170} 值越高，表示受试者的身体工作能力包括心脏的做功能力越强。不同运动项目、不同性别之间 PWC_{170} 值都有明显的差异，一般耐力项目运动员的 PWC_{170} 值较高，男性 PWC_{170} 值高于女性。

（6）哈佛台阶实验

受试者以每分钟 30 次的频率上下一定高度的台阶（男子 50 厘米，女子 42 厘米）持续运动 5 分钟。通过运动后恢复期的心率数值计算其指数，用于评价受试者的有氧工作能力。可按以下公式求出指数，其指数值越大，有氧工作能力则越强。如果中途有连续 20 秒不能跟上节奏，则令其停止运动，并记录运动时间。完全形式哈佛台阶指数：

哈佛指数 $=t/(f_1+f_2+f_3)\times 1/2\times 100$

其中：

t 为上下台阶时间（秒）；

f_1、f_2、f_3 分别为恢复期第 2、3、5 分钟前 30 秒心率。

指数越大表示机能越好（见表 6-14）。

表 6-14　哈佛台阶实验心血管机能评定

哈佛指数	评价等级
<55	差
55～64	中下
65～79	中上
80～90	良
>90	优

（7）12 分钟跑

12 分钟跑的成绩与每公斤体重最大摄氧量之间高度相关，相关系数达 0.897。

实验方法：受试者全力连续跑 12 分钟，测跑距。

推算公式：

$V_{O_{2max}}$ =0.0268× 距离（米）−11.3

（8）Rockport 1 英里走测试

用于那些由于健康状况或者受伤而不能跑的受试者。

要求快速地走完 1 英里（使心率超过 12 次 / 分钟），走的过程中禁止突然跑起来，记录走完 1 英里的时间。受试者走完 1 英里立即测量心率（测 10 秒，换算成 1 分钟）。

计算公式：

$V_{O_{2max}}$ = 132.853 −（0.1692× 体重）−（0.3877× 年龄）−（3.2649× 时间）−（0.1565× 心率）+ 6.315× 性别

单位分别为：$V_{O_{2max}}$ 为毫升 /（千克 · 分钟）；体重为千克；年龄为年；时间为分钟；心率为次 / 分钟；性别：男 = 1，女 = 0。

（9）20 米多级折返跑

20 米多级折返跑适用于成人和运动员。

该测试要求受试者在距离为 20 米的两个标志物之间，以不断增加的速度进行往返跑。起始速度为 85 米 / 小时，随后按照每分钟增加 0.5 千米 / 小时的频率增加速度。以 20 米多级折返跑结果预测最大吸氧量的公式：

通用公式：

$V_{O_{2max}}$ = 31.025 + 3.238× 最后一级速度 −3．248× 年 + 0.1536× 年龄 × 最后一级速度

成人：

$V_{O_{2max}}$［毫升 /（千克 · 分钟）］= 24.4 + 6.0× 最后一级的速度

速度单位为千米 / 小时。

（三）评价

已给出了 $V_{O_{2max}}$ 的评分值及分级，一般人群可与之对照（见表 6−15、表 6−16）。

表 6-15　有氧能力分值

性别	年龄	$V_{O_{2max}}$/[毫升/(千克·分钟)]				
		10 分	30 分	50 分	70 分	90 分
女性	20～29	28.3	33	37.8	41	49
	30～39	26.7	31.4	34.6	39.4	45.8
	40～49	25.1	29.9	33	36.2	42.6
	50～59	21.9	36.7	29.9	33	37.8
	60 以上	20.3	23.5	26.7	31.4	34.6
男性	20～29	34.6	41	44.2	49	55.1
	30～39	33	39.4	42.6	47.4	52.1
	40～49	31.4	36.2	41	45.8	50.6
	50～59	29.9	34.6	37.8	41	49
	60 以上	26.7	31.4	34.6	37.8	44.2

表 6-16　中国人有氧能力评价标准

性别	年龄	$V_{O_{2max}}$/[毫升/(千克·分钟)]				
		低	较低	中等	高	很高
女性	20～29	≤ 28	29～34	35～43	44～48	≥ 49
	30～39	≤ 27	28～33	34～41	42～47	≥ 48
	40～49	≤ 25	26～31	32～40	41～45	≥ 46
	50～65	≤ 21	22～28	29～36	37～41	≥ 42
男性	20～29	≤ 38	39～43	44～51	52～56	≥ 57
	30～39	≤ 34	25～29	40～47	48～51	≥ 52

续表

性别	年龄	$V_{O_{2max}}$ /[毫升/(千克·分钟)]				
		低	较低	中等	高	很高
男性	40～49	≤ 30	31～35	36～43	44～47	≥ 48
	50～59	≤ 25	26～31	32～39	40～43	≥ 44
	60～69	≤ 21	22～26	27～35	36～39	≥ 40

$V_{O_{2max}}$由最大或次最大运动测试确定，运动科学家和医生利用运动试验得到的$V_{O_{2max}}$来客观地评价心肺功能，并对个体心肺健康水平进行评级分类（见表6–17）。

表 6–17 心肺健康水平分级

性别	年龄	$V_{O_{2max}}$ /[毫升/(千克·分钟)]				
		差	一般	好	良	优
女性	20～29	≤ 35	36～38	39～43	44～48	49 +
	30～39	≤ 33	34～36	37～41	42～46	47 +
	40～49	≤ 32	33～35	36～38	39～44	45 +
	50～59	≤ 28	29～31	32～35	36～40	41 +
	60～69	≤ 26	27～28	29～32	33～36	37 +
	70～79	≤ 25	26～27	28～29	30～36	37 +
男性	20～29	≤ 41	42～45	46～49	51～55	56 +
	30～39	≤ 40	41～43	44～47	48～53	54 +
	40～49	≤ 37	38～41	42～45	46～52	53 +
	50～59	≤ 34	35～38	39～42	43～48	49 +

续表

性别	年龄	$V_{O_{2max}}$/[毫升/（千克·分钟）]				
		差	一般	好	良	优
男性	60～69	≤ 31	32～34	35～38	39～44	45 +
	70～79	≤ 28	29～31	32～35	36～42	43 +

参考文献

[1] 贺道远．体能训练理论与方法[M]. 长春：吉林大学出版社，2020.
[2] 王保臣．体能训练评测方法与应用[M]. 天津：天津社会科学院出版社，2021.
[3] 辛金花，卫国凯．体能训练的新思路：核心稳定性训练研究[M]. 青岛：中国海洋大学出版社，2020.
[4] 赵琦．体能训练实用教程[M]. 南京：东南大学出版社，2019.
[5] 邱雨．高校体能训练理论与方法的应用实践[M]. 北京：中国经济出版社，2020.
[6] 徐子纯．高校体育选项教学体能训练方案的高效性研究[J]. 田径,2023（09）：33-34.
[7] 张晓敏．高校啦啦操体能训练内容与教学方法浅析[J]. 大学，2023（17）：78-81.
[8] 李丹．高校人才培养中融入体能训练的原则及对策[J]. 就业与保障，2021（08）：89-90.
[9] 李昊泽．体能训练应用于高校体育课中的方法分析[J]. 田径，2022（10）：27-28.
[10] 周学希．高校田径体能训练的实施方法及提升策略[J]. 田径，2022（08）：40-41.
[11] 袁晋文．素质教育背景下高校开展体能训练的理论指导与方法创新[J]. 当代体育科技，2022，12（17）：33-35.
[12] 麻晓鸽．大学生体能训练的必要性及策略研究[J]. 当代体育科技，2022，12（16）：13-15.